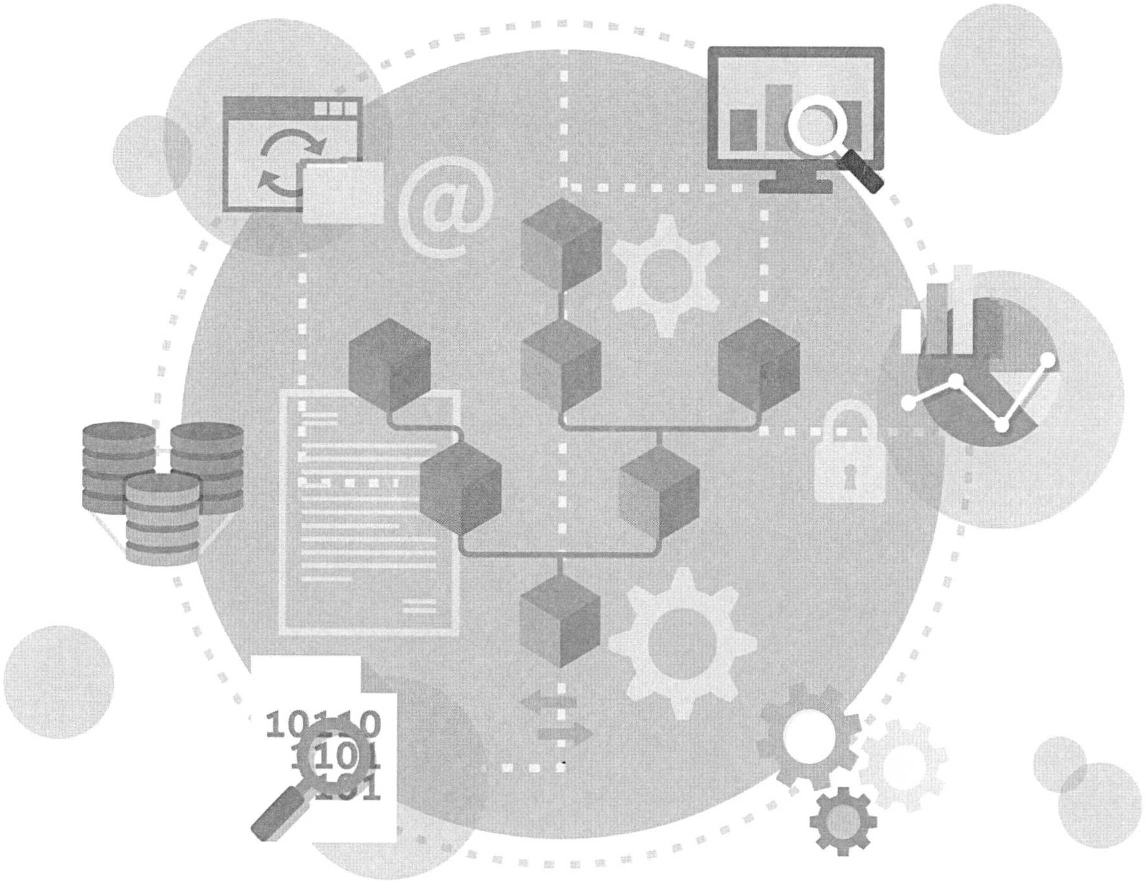

예제로 다지는
자료구조와 알고리즘의 이해

| 김도희 · 도인실 · 서주영 저 |

Human Science
휴먼싸이언스

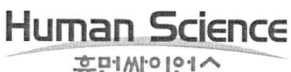

[저자약력]

김도희 아주대학교 전자공학과 강의교수
도인실 이화여자대학교 사이버보안학과 부교수
서주영 아주대학교 다산학부대학 조교수

본 교재는 과학기술정보통신부 및 정보통신기획평가원에서 지원하는 『소프트웨어중심대학(아주대학교, 이화여자대학교)』 사업의 결과물입니다.

본 교재의 내용은 전재할 수 없으며, 인용할 때에는 반드시 과학기술정보통신부와 정보통신기획평가원의 『소프트웨어중심대학(아주대학교, 이화여자대학교)』 사업의 결과물이라는 출처를 밝혀야 합니다.

예제로 다지는 자료구조와 알고리즘의 이해

초판 인쇄 : 2023년 8월 25일
초판 발행 : 2023년 8월 28일

저　자 : 김도희·도인실·서주영
발행인 : 박 주 옥
발행처 : 휴먼싸이언스
주　소 : 서울시 도봉구 시루봉로 291 B1(도봉동 613-14 숙진빌딩)
전　화 : (02) 955-0244
팩　스 : (02) 955-0245
e-mail : humansci@naver.com
표지디자인 : 성지은

등록번호 : 제2008-20호
등록일 : 2008. 10. 13

ISBN : 979-11-89057-38-1 (93560)
정가 17,000원

* 파본이나 잘못된 책은 구입처나 본사에서 교환하여 드립니다.
* 이 책의 전체 내용이나 일부를 무단으로 복사·복제·전재하는 것은 저작권법에 저촉됩니다.

머리말

자료구조(Data Structure)와 알고리즘(Algorithm)은 컴퓨터 프로그래밍의 근간이 되는 매우 중요한 개념이다. 같은 문제라 하더라도 어떤 자료구조와 알고리즘을 사용하는지에 따라 프로그램의 성능 효율이 크게 달라질 수 있기 때문이다.

이 책은 실습 교재로 학생들이 자료구조와 알고리즘을 공부할 때, 흥미를 가지고 재미있게 실습할 수 있는 다양한 문제들을 제공함으로써 자료구조와 알고리즘의 이해를 돕기 위해 만들어졌다.

책의 모든 문제는 C언어에 기반하여 작성되었다. 1단원부터 15단원으로 구성되었으며, 난이도에 따라 기초문제, 연습문제, 심화문제로 이루어져 있다. 단원별로 가장 핵심적인 기본 개념을 확인해보는 기초문제, 이론 내용을 이해하고 응용하여 풀 수 있는 연습문제, 자료구조를 활용하여 우리가 실생활에서 경험하는 문제를 해결하는 등의 난이도가 있는 심화문제에 이르기까지 다양한 실습문제를 출제하였다.

끝으로 책을 출판하기까지 도움을 주신 모든 분들께 감사드리며, 저자들의 정성과 노력으로 완성된 실습 문제들을 자료구조와 알고리즘을 공부하는 이들이 스스로 풀어보면서 자료구조와 알고리즘 이해와 프로그래밍 실력 향상에 큰 도움이 되기를 바란다.

2023년 8월
저자 일동

목차

1. Data Structure and Algorithm ·· 1
2. Recursion ·· 7
3. Array ·· 19
4. Structure & Pointer ·· 29
5. Stack ·· 35
6. Queue ·· 51
7. List I ·· 63
8. List II ·· 73
9. Tree ·· 79
10. Heap ·· 91
11. Graph I ·· 101
12. Graph II ·· 109

13. Sorting ··· 121

14. Searching ·· 131

15. Hashing ··· 155

1. Data Structure and Algorithm

1 빅오 표기법

기초문제

1부터 n까지의 합을 구하는 문제를 다음과 같은 세 가지 방법으로 풀 수 있다.

1. 1+2+3+....+n 차례대로 더하는 방법
2. 반복문을 사용하여 1부터 n까지 더하는 방법
3. n(n+1)/2 공식을 사용하는 방법

1) 1부터 n까지의 합을 구하는 각 방법의 연산의 수를 n에 대한 수식으로 표현하세요.

2) 각 방법의 알고리즘의 시간 복잡도를 빅오 표기법으로 표현하여 알고리즘의 효율을 비교해보세요.

1 연습문제   n을 입력으로 1부터 n까지 더하는 프로그램

n을 입력으로 1부터 n까지 더하는 프로그램을 반복문을 사용하여 작성하세요.

```
#include <stdio.h>

int main(void)
{
    int i, n;
    double sum;

    printf("합을 구할 숫자 n을 입력하세요: ");
    scanf("%d", &n);




    printf("1부터 %d까지의 합: %.0f\n", n, sum);

    return 0;
}
```

실행 예시

합을 구할 숫자 n을 입력하세요: 100000
1 부터 100000 까지의 합: 5000050000

2 연습문제 n을 입력으로 1부터 n까지 더하는 프로그램

연습문제1의 샘플 코드를 참조하여 n을 입력으로 1부터 n까지 더하는 프로그램을 n(n+1)/2의 공식을 사용하여 작성하세요.

실행 예시

```
합을 구할 숫자 n을 입력하세요: 100000
1 부터 100000 까지의 합: 5000050000
```

1 시간 성능 측정

심화문제

반복문을 사용한 연습문제1의 프로그램에 아래와 같이 시간 성능을 측정하는 코드를 추가한 후, n 입력을 1000000, 2000000, 3000000으로 변화를 주어 실행하여 각 실행 시간을 측정해보세요.

- 시간 성능 측정 코드

```
#include <time.h>
clock_t start, end;
double duration;
start = clock();
//  시간 성능 측정 코드 구간
end = clock( );
duration = (double)(end - start);
printf("소요 시간: %f msec", duration);
```

실행 예시

합을 구할 숫자 n을 입력하세요: 1000000
1 부터 1000000 까지의 합: 500000500000
소요 시간: 3.000000 msec

합을 구할 숫자 n을 입력하세요: 2000000
1 부터 2000000 까지의 합: 2000001000000
소요 시간: 6.000000 msec

합을 구할 숫자 n을 입력하세요: 3000000
1 부터 3000000 까지의 합: 4500001500000
소요 시간: 8.000000 msec

2 시간 성능 측정
심화문제

공식을 활용한 연습문제2의 프로그램에 심화문제1과 같이 시간 성능을 측정하는 코드를 추가한 후, n 입력을 1000000, 2000000, 3000000으로 변화를 주어 실행하여 각 실행 시간을 측정해보고, 반복문을 사용한 심화문제1과의 실행 시간의 차이를 비교해보세요.

실행 예시

합을 구할 숫자 n을 입력하세요: 1000000
1 부터 1000000 까지의 합: 500000500000
소요 시간: 0.000000 msec

합을 구할 숫자 n을 입력하세요: 2000000
1 부터 2000000 까지의 합: 2000001000000
소요 시간: 0.000000 msec

합을 구할 숫자 n을 입력하세요: 3000000
1 부터 3000000 까지의 합: 4500001500000
소요 시간: 0.000000 msec

2. Recursion

1 피보나치 수열

기초문제

피보나치 수열은 첫째 항은 0, 둘째 항이 1이며, 그 뒤의 모든 항이 이전 앞 두 항의 합인 수열이다. 피보나치 수열을 다음의 재귀적인 설계를 참조하여 구현하세요.

- 피보나치 수열의 재귀적 설계

$$F_0 = 0, \quad F_1 = 1$$
$$F_n = F_{n-1} + F_{n-2} \ (n \in \{\ 2,\ 3,\ 4,\ \cdots\ \})$$

실행 예시

```
n을 입력하세요: 5
0 1 1 2 3 5
```

하노이 탑 문제

하노이 탑 문제는 크기가 다른 원판을 하나의 임시 축을 활용하여 다른 축으로 이동시키는 문제이다. 이 때 원판은 가장 아래쪽에 있는 것이 가장 크고 위로 갈수록 점차 작아져 전체적으로 원추형의 탑을 이루는데, 원판은 한 번에 하나씩만 옮길 수 있고 가장 위에 있는 원판만 이동할 수 있다. 또한 작은 원판 위에 그보다 더 큰 원판을 옮길 수 없다는 규칙을 지켜야 하며, 하나의 축에서 다른 축으로 원판을 이동해야 한다.

다음의 그림을 참조하여 하노이 탑 문제를 재귀적인 방법으로 구현한 빈칸의 코드를 완성하세요.

- 하노이 탑의 재귀적 설계

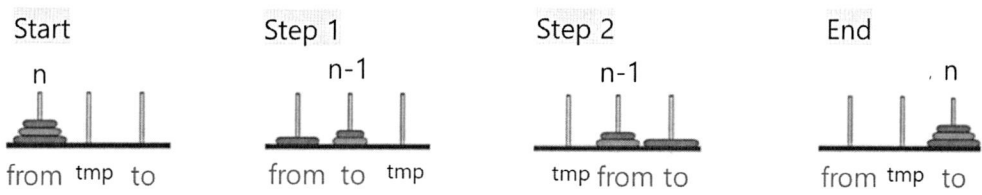

```
#include <stdio.h>
void Hanoi_tower(int n, char from, char tmp, char to);

int main()
{
    int n=0;
    printf("원판 개수를 입력하세요: ");
    scanf("%d ", &n);
```

```
    Hanoi_tower(n, 'A', 'B', 'C');

    return 0;
}
void Hanoi_tower(int n, char from, char tmp, char to)
{
    if(n==1) printf("원판1을 %c에서 %c로 옮긴다.\n", from, to);
    else
    {
        Hanoi_tower(①_____ );
        printf("원판 %d을 %c에서 %c로 옮긴다.\n", n, from, to);
        Hanoi_tower(②_____ );
    }
}
```

실행 예시

원판의 개수를 입력하세요: 4
원판 1을 A 에서 B으로 옮긴다.
원판 2을 A에서 C으로 옮긴다.
원판 1을 B 에서 C으로 옮긴다.
원판 3을 A에서 B으로 옮긴다.
원판 1을 C 에서 A으로 옮긴다.
원판 2을 C에서 B으로 옮긴다.
원판 1을 A 에서 B으로 옮긴다.
원판 4을 A에서 C으로 옮긴다.
원판 1을 B 에서 C으로 옮긴다.
원판 2을 B에서 A으로 옮긴다.
원판 1을 C 에서 A으로 옮긴다.
원판 3을 B에서 C으로 옮긴다.
원판 1을 A 에서 B으로 옮긴다.
원판 2을 A에서 C으로 옮긴다.
원판 1을 B 에서 C으로 옮긴다.

1 군 수열의 합
연습문제

군 수열은 어떤 규칙에 의해 수열의 항을 차례로 몇 개씩 묶어 군으로 만든 수열을 의미한다.

예를 들어 n이 4인 군 수열을 다음과 같이 정의할 때, 재귀 호출을 이용하여 군 수열의 합을 구하는 함수를 정의하세요.

- n이 4인 경우 군수열의 합은 (1)+(1+2)+(1+2+3)+(1+2+3+4)이다.

```c
#include <stdio.h>
int sig(int n);   //재귀 호출로 군수열의 합을 구하는 함수 원형
int main()
{
    int n = 4;
    int i, sum = 0;

    //재귀 호출로 군수열의 합을 구하는 함수호출
    for (i= 1; i<= n; i++) {
        sum = sum + sig(i);
    }
    printf("n이 %d인 경우 군수열의 합 = %d\n", n, sum);
    getchar();
}
```

```
int sig(int n) //재귀 호출로 군수열의 합을 구하는 함수 정의
{
    
}
```

실행 결과

n이 4인 경우 군수열의 합 = 20

2 연습문제 10진수를 2진수로 변환

10진수를 2진수로 변환하여 출력하는 프로그램을 다음의 예를 참조하여 재귀 함수로 작성하세요.

- 10진수(10)와 2진수(1010)의 관계

  $$10 = 1 \times 2 \times 2 \times 2 + 0 \times 2 \times 2 + 1 \times 2 + 0$$

```
#include <stdio.h>
void decimal_to_binary(int a);// 재귀 호출로 10진수를 2진수로 변환하는 함수 원형
int main(void)
{
    int n=0;
    printf("n을 입력하세요: ");
    scanf("%d",&n);
    printf("10진수 %d => 2진수로 변환: ", n);
    decimal_to_binary(n);
    return 0;
}
void decimal_to_binary(int a)
{// 재귀 호출로 10진수를 2진수로 변환하는 함수 정의


}
```

실행 예시

```
n을 입력하세요: 12
10진수 12 => 2진수로 변환: 1100
```

연습문제 3 역순으로 출력

양의 정수 n을 입력하면, n부터 0까지 역순으로 출력하는 프로그램을 재귀 함수를 사용하여 작성하세요.

```c
#include <stdio.h>

void reverse_func(int);
int main(void)
{
    int n;
    printf("양의 정수 n을 입력하세요:");
    scanf("%d", &n);
    printf("n부터 0까지 역순으로 출력:");
    reverse_func(n);

    return 0;
}

void reverse_func(int n) {
    
}
```

실행 예시

```
양의 정수 n을 입력하세요: 5
n부터 0까지 역순으로 출력: 5 4 3 2 1 0
```

4 재귀 함수로 계산하기
연습문제

양의 정수를 입력받아 다음과 같이 계산한 결과를 재귀 함수를 사용하여 출력하세요.

$$1 + 1/2 + 1/3 + 1/4 + 1/5 + \cdots + 1/n$$

```c
#include <stdio.h>
double r(double n);

int main(void)
{
    int n = 0;
    printf("양의 정수를 입력하세요: ");
    scanf("%d", &n);
    printf("%.2f",r((double)n));

    return 0;
}

double r(double n)
{

}
```

실행 예시

양의 정수를 입력하세요: 3
계산 결과: 1.83

1 직각 삼각형 구하기

심화문제

직각 삼각형을 출력하는 프로그램을 재귀 함수를 사용하여 작성하세요.

- void triangle(int n);   // 재귀 함수의 원형
- triangle(5);   // 재귀 함수 호출

```
#include <stdio.h>
void triangle(int n);

int main(void)
{
    triangle(5);
    return 0;
}

void triangle(int n)
{
    

}
```

실행 결과

```
*
**
***
****
*****
```

2 직각 역삼각형 구하기
심화문제

직각 역삼각형을 출력하는 프로그램을 재귀 함수를 사용하여 작성하세요.

- void reverse_triangle(int n);   // 재귀 함수의 원형
- reverse_triangle(5);   // 재귀 함수 호출

```
#include <stdio.h>
void reverse_triangle(int n);

int main(void) {
    reverse_triangle(5);
    return 0;
}

void reverse_triangle(int n)
{

}
```

실행 결과

```
*****
****
***
**
*
```

3. Array

1 기초문제 일차원 배열의 복사

```
int a[] = { 5, 4, 3, 2, 1 };
int b[] = { 10, 20, 30, 40, 50 };
```

배열 a의 첫 번째 원소부터 5번째 원소까지 같은 순서대로 배열 b로 값을 복사하여 배열 b의 원소를 모두 출력하세요.

실행 결과

b 배열의 원소 = 5 4 3 2 1

2 기초문제 일차원 배열의 동등함을 검사

다음 배열 a와 b 두 배열의 동등함을 검사하는 프로그램을 작성하세요.

```
int a[] = { 4, 7, 9, 3, 6 };
int b[] = { 4, 7, 9, 3, 6 };
// int b[] = {10, 20, 30, 40, 50};
// int b[] = { 4, 7, 9, 3, 7 };
```

- b 배열을 주석 처리하여 각각의 b 배열에 대하여 배열 a와 b의 동등함을 검사
- 배열 a와 b의 배열크기가 다르면 다른 배열, 배열크기가 같으면 순차적으로 원소의 값이 모두 같으면 '같은 배열'이고, 원소가 하나라도 다르면 '다른 배열'

실행 결과

두 배열은 같다.

두 배열은 다르다.

최댓값과 최솟값 찾기

배열에 10개의 양의 정수를 입력받은 후, 10개의 원소 중 최댓값과 최솟값을 찾아 화면에 출력하는 프로그램을 작성하세요.

실행 예시

```
10개의 양의 정수 입력: 10 8 3 20 50 33 70 2 39 80
max: 80 min: 2
```

연습문제 1 : 두 행렬의 합과 차를 구하기

다음 4 x 3의 행렬에서 두 행렬의 합과 차를 구하는 프로그램을 작성하세요.

25	47	56
30	74	15
40	63	98
28	54	43

16	25	39
99	82	45
24	63	43
69	53	78

- 배열에서 같은 첨자의 행과 열에 대응하는 원소의 합과 차를 구하는 연산
- 정의할 사용자 정의 함수
  - void print(int[][3]); // 행렬의 결과값을 출력

실행 결과

```
두 행렬의 합
----------------
 41  72  95
129 156  60
 64 126 141
 97 107 121
----------------

두 행렬의 차
----------------
  9  22  17
-69  -8 -30
 16   0  55
-41   1 -35
----------------
```

2 연습문제 — 가장 많이 입력받은 숫자와 빈도수 구하기

0에서 9까지의 정수 중에서 5개의 수를 입력받아 가장 많이 입력받은 숫자는 무엇이고, 빈도수는 몇 번인지 출력하는 프로그램을 작성하세요.

- 0에서 9 이외의 정수를 입력받았을 때, 숫자를 다시 입력받는 예외 처리를 할 것

> **실행 예시**
>
> ```
> 1번째 정수 입력: 1
> 2번째 정수 입력: 20
> 0에서 9까지의 정수 중에서 다시 입력하세요.
> 2번째 정수 입력: 4
> 3번째 정수 입력: 30
> 0에서 9까지의 정수 중에서 다시 입력하세요.
> 3번째 정수 입력: 3
> 4번째 정수 입력: 3
> 5번째 정수 입력: 9
> 0 ~ 9 중 가장 많이 나온 수는 3이고, 빈도수는 2번
> ```

3 전치행렬(Transpose Matrix) 구하기

연습문제

전치행렬(Transpose Matrix)은 원래 행렬의 열은 행으로, 행은 열로 바꾼 행렬이다. 행렬의 행 수와 열 수를 양의 정수로 입력받은 후, 행렬의 각 원소를 순서대로 입력받아 입력한 행렬과 전치행렬을 출력하는 프로그램을 작성하세요.

실행 예시

```
행 수를 입력하세요 : 2
열 수를 입력하세요 : 3

1행 1열의 원소를 입력하세요 : 3
1행 2열의 원소를 입력하세요 : 2
1행 3열의 원소를 입력하세요 : 1
2행 1열의 원소를 입력하세요 : 4
2행 2열의 원소를 입력하세요 : 5
2행 3열의 원소를 입력하세요 : 6

입력한 행렬:
3 2 1
4 5 6

전치행렬:
3 4
2 5
1 6
```

1 일차원 배열의 삽입, 삭제, 입출력 함수 구현

심화문제

일차원 배열의 크기와 원소를 입력한 다음 특정 원소를 삭제하거나 특정 위치에 값을 삽입하는 과정을 반복할 수 있도록 프로그램을 작성하세요.

- 배열의 최대크기는 100으로 가정(#define)
- 배열은 main() 함수 안에서 선언(전역으로 선언하지 말 것)
- 정의할 사용자 정의 함수
  - elementGeneration(): array 원소 입력
  - elementInsertion(): 새로운 element 정보 입력
  - elementDeletion(): element 삭제
  - elementPrint(): array 출력

실행 예시

```
배열의 크기 입력: 5
5 개의 정수를 입력: 3 5 1 9 8
Array : 3 5 1 9 8

1.insertion  2.deletion  3.output  0:program end
번호를 입력: 7
잘못된 입력, 1, 2, 3, 0 중에서의 숫자를 입력하세요.

1.insertion  2.deletion  3.output  0:program end
번호를 입력: 1
배열에 삽입할 위치와 값을 입력: 3 6
Array : 3 5 6 1 9 8
```

```
1.insertion   2.deletion   3.output   0:program end
번호를 입력: 1
배열에 삽입할 위치와 값을 입력: 7 9
1 에서 6 사이의 위치를 입력하세요.

1.insertion   2.deletion   3.output   0:program end
번호를 입력: 1
배열에 삽입할 위치와 값을 입력: 2 4
Array : 3 4 5 6 1 9 8

1.insertion   2.deletion   3.output   0:program end
번호를 입력: 2
배열에 삭제할 위치를 입력: 5
Array : 3 4 5 6 9 8

1.insertion   2.deletion   3.output   0:program end
번호를 입력: 2
배열에 삭제할 위치를 입력: 7
7 위치에 원소가 없습니다.

1.insertion   2.deletion   3.output   0:program end
번호를 입력: 2
배열에 삭제할 위치를 입력: 1
Array : 4 5 6 9 8

1.insertion   2.deletion   3.output   0:program end
번호를 입력: 3
Array : 4 5 6 9 8

1.insertion   2.deletion   3.output   0:program end
번호를 입력: 0
```

4. Structure & Pointer

1 포인터를 이용하여 최솟값과 최댓값 찾기
기초문제

입력받은 서로 다른 8개의 자연수 중 최솟값과 최댓값을 찾고, 최솟값, 최댓값이 몇 번째 수인지 포인터를 이용하여 구하는 프로그램을 작성하세요.

실행 예시

8개의 자연수를 입력하세요: 10 2 3 9 11 99 47 8

최솟값: 2 최댓값: 99
최솟값 위치: 2 최댓값 위치: 6

1 고객 정보를 출력하는 프로그램

연습문제

정보를 입력할 고객의 수를 입력받고, 동적 메모리 할당을 통해 메모리를 할당한 후, 입력받은 고객의 이름, 성별, 나이 등의 고객 정보를 출력하는 프로그램을 작성하세요.

- Customer 구조체를 정의한다.
- Customer 구조체의 멤버는 고객의 이름(name), 성별(sex), 나이(age)이다.

> 실행 예시

```
고객의 수 입력: 2

1번째 고객 정보를 입력>>
이름: 이 나나
성별(M/F): F
나이: 45

2번째 고객 정보를 입력>>
이름: 김 모모
성별(M/F): M
나이: 23

<고객 정보 출력>
이름: 이 나나, 성별(M/F): F, 나이: 45
이름: 김 모모, 성별(M/F): M, 나이: 23
```

심화문제 1 : 과목 정보 출력 프로그램

동적 메모리 할당을 이용하여 과목의 수, 과목 이름과 강의 평점을 입력받고, 과목 정보를 출력하는 프로그램을 작성하세요.

- 다음과 같은 구조체를 정의하여 사용한다.

```
typedef struct subject {        // 구조체타입 정의
    char name[100];             // 과목 이름
    double rating;              // 강의 평점
}SUB;
```

실행 예시

```
과목의 수 입력:3
1 번째 과목 정보를 입력>>
과목 이름:심리학의 이해
강의 평점:4.25
2 번째 과목 정보를 입력>>
과목 이름:인공지능
강의 평점:2.7
3 번째 과목 정보를 입력>>
과목 이름:융합프로그래밍
강의 평점:4.5

<과목 정보 출력>
=================================
    제목              강의 평점
=================================
심리학의 이해          4.25
인공지능               2.70
융합프로그래밍         4.50
=================================
```

2 심화문제 — 원의 중심 좌표와 반지름과 면적 출력 프로그램

point와 circle 두 개의 구조체를 정의하고, 구조체 circle을 저장할 공간을 동적으로 확보하여 다음 자료를 저장하고 출력하는 프로그램을 작성하세요.

- 원의 반지름 r을 인자로 면적(area)과 둘레(perimeter)를 계산하는 매크로를 정의
- 구조체 point는 실수로 x, y 이차원 평면의 좌표를 표현
- 구조체 circle은 멤버로 중심 좌표인 point와 반지름인 radius로 구성
- 원 중심 좌표: (1.24, 3.82), 반지름: 4.93

실행 결과

```
원 중심 좌표: (1.24, 3.82), 반지름: 4.93
원 면적: 76.32
```

5. Stack

1 문자열의 순서를 역순으로 출력하는 문제

기초문제

입력한 문자열을 역순으로 출력하는 코드를 (1) 배열의 역순, (2) 스택을 이용하는 두 가지 방법을 이용하여 출력하세요.

실행 예시

```
Input a string.
I love you.
<입력문자열>
I love you.
<배열의 역순 출력>
.uoy evol I
<스택 사용 문자열 역순 출력>
.uoy evol I
```

2 기초문제 중복된 정수를 제외하고 출력하는 문제

정수를 입력한 후, 스택을 이용하여 입력한 정수의 중복된 숫자는 한 번만 출력하는 프로그램을 작성하세요.

실행 예시

정수를 입력하세요: 122233
출력: 123

3 최종적인 스택의 상태를 출력하는 문제
기초문제

스택에 0부터 9까지의 숫자가 push 명령마다 순서대로 입력(push)될 때, 사용자가 push('+'로 표기)와 pop('-'로 표기)을 임의의 순서대로 입력하면 최종적인 스택의 상태는 어떠한지 출력하는 코드를 작성하세요.

- 9 다음은 다시 0부터 시작되며, 스택이 empty인 상태에서 pop 명령을 만나면 "stack empty"가 출력된다.

실행 예시

```
+(push)와 -(pop)을 원하는 순서로 입력하세요.
+++-++++--+-+-++++--+-+-+++-+++++
<Result>
0 1 3 4 9 0 5 8 9 0 1 2
```

연습문제 1   문자열이 대칭을 이루는지 체크하는 문제

입력한 문자열이 대칭을 이루는지 체크하는 코드를 (1) 배열을 이용, (2) 스택을 이용하는 두 가지 사용자 정의함수로 작성하세요.

- main 함수에서 사용자가 "0"을 입력할 때까지 계속 반복하기
- 배열을 이용한 palindrome_array(char* x) 함수와 스택을 이용한 palindrome_stack(char* x) 함수를 구현해서 호출
- 배열을 이용한 함수 호출 결과와 스택을 이용한 함수 호출 결과를 모두 출력

실행 예시

```
알파벳으로 구성된 문자열 입력
abcdcba
대칭(배열)
대칭(스택)

알파벳으로 구성된 문자열 입력
abcdef
비대칭(배열)
비대칭(스택)

알파벳으로 구성된 문자열 입력
abbba
대칭(배열)
대칭(스택)

알파벳으로 구성된 문자열 입력
0
```

연습문제 2 | 10진수를 2진수로 변환

스택을 사용하여 10진수를 2진수로 변환한 결과를 출력하는 코드를 작성하세요.

- 스택 포인터와 10진수를 인자로 받아 결과를 출력하는 void decimal_to_binary (StackType* s, element number) 함수 정의하기
- 반복 수행하다가 사용자가 0 이하를 입력하면 반복 종료(main 함수 내에서)

[힌트] 2로 나눈 나머지를 스택에 계속 push하다가 나중에 pop해서 출력

실행 예시

```
10진수 입력(종료:0 이하 입력)
7
2진수 표현:1111
10진수 입력(종료:0 이하 입력)
1024
2진수 표현:10000000000
10진수 입력(종료:0 이하 입력)
83
2진수 표현:1010011
10진수 입력(종료:0 이하 입력)
234
2진수 표현:11101010
10진수 입력(종료:0 이하 입력)
0
```

연습문제 3 : 문자열 압축을 위한 RLE(Run Length Encoding) 문제

문자열에서 특정한 패턴이 반복될 경우, 이런 특징을 이용하여 문자열을 보다 짧게 압축할 수 있다. RLE(Run Length Encoding) 방법은 가장 기초적인 압축 방법으로 문자열에서 어떤 문자가 반복될 경우, 문자의 반복 횟수와 그 문자로 표현하는 방법이다.
반복되는 문자가 다수 등장하는 문자열을 실행 예와 같이 출력하는 RLE 코드를 스택을 이용하여 작성하세요.

- 문자열을 인자로 전달받아 결과와 같이 출력하는 void run_length(char* x) 함수 정의하기
- 반복 수행하다가 사용자가 "0"을 입력하면 반복 종료(main 함수 내에서)
  [힌트] peek( ) 사용하기

실행 예시

```
반복되는 알파벳으로 구성된 문자열 입력(종료 시 "0" 입력)
aaaaacccbbbbbbbbbbbbrrreeeeeeeeeaaadddddd
5a3c13b3r9e3a5d
반복되는 알파벳으로 구성된 문자열 입력(종료 시 "0" 입력)
Xxxxyyzzzzzzzzzzzzzzzz2222999999aaaaaaa
1X3x2y15z42698a
반복되는 알파벳으로 구성된 문자열 입력(종료 시 "0" 입력)
0
```

스택을 응용하여 공 꺼내기 구현

연습문제

원통형의 좁은 컨테이너에 동일 크기의 다양한 색상의 공이 일렬로 담겨있다. 사용자가 원하는 색상의 공을 꺼낸 다음, 꺼내 놓았던 공을 원래의 순서대로 채워 넣는다고 가정할 때, 단계별로 컨테이너에서 공을 꺼내는 순서, 원하는 공을 찾은 다음 꺼내놓았던 공을 다시 넣는 순서, 최종적인 컨테이너의 상태를 출력하세요.

- 최초의 컨테이너 상태는 위로부터 O(오렌지), G(초록), R(빨강), Y(노랑), B(파랑), W(흰색)으로 가정한다.

[힌트] 꺼낸 공은 원래 순서대로 다시 넣기 위해 임시 컨테이너에 담아 놓는다.

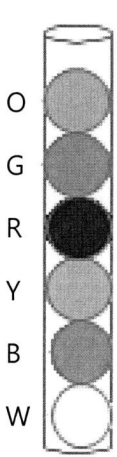

실행 예시

```
<초기 컨테이너 상태>
O
G
R
Y
B
W
```

빼기 원하는 공 색깔은?(W/B/Y/R/G/O) : Y
- O 꺼냄
- G 꺼냄
- R 꺼냄

* Y 찾음
- R 넣음
- G 넣음
- O 넣음

<컨테이너 상태>
O
G
R
B
W

1 괄호 쌍 체크하는 문제

심화문제

입력한 문자열에 포함된 괄호 쌍이 맞는지 확인하여 결과를 출력하는 코드를 작성하세요.

- 괄호 종류: 대괄호('[', ']'), 중괄호('{', '}'), 소괄호 ('(', ')')
- 왼쪽(여는) 괄호의 개수와 오른쪽(닫는) 괄호의 개수는 같아야 한다.
- 같은 유형의 괄호에서 왼쪽 괄호는 오른쪽 괄호보다 먼저 나와야 한다.
- 서로 다른 타입의 왼쪽 괄호와 오른쪽 괄호 쌍은 서로 교차하면 안 된다.

실행 예시

```
Input expression
(()){[]}()
Correct
```

```
Input expression
{A[(i+1)]=0;}
Correct
```

```
Input expression
(((a+b)*c)
Incorrect
```

```
Input expression
)a+b(*2+3
Incorrect
```

```
Input expression
[(2+5])*(2+9)
Incorrect
```

2 심화문제 중위 표기식 → 후위 표기식 변환 문제

입력한 중위표기식(연산자가 피연산자의 사이에 위치)을 후위표기식(연산자가 피연산가 다음에 위치)으로 변환하는 코드를 작성하세요.

- 이항연산자 +, -, *, / 만 사용한다고 가정 (중위표기식에서는 연산의 우선순위를 표현하기 위해 괄호가 사용되지만 후위표기식에서는 두 개의 피연산자 바로 다음에 필요한 연산자가 등장하므로 괄호가 필요 없음)
  (예) 2+3*4 → 234*+
  　　 (2+3)*4 → 23+4*

실행 예시

```
Input an infix expression
(2+3)*4+9

<result>
23+4*9+
```

3 미로탐색문제
심화문제

6X6 행렬에 미로정보가 저장되어 있을 때, 입구에서부터 출구까지의 경로를 찾아 단계별로 출력하는 코드를 작성하세요.

- 미로 정보는 다음과 같다고 가정(1로 표기된 부분은 막힌 길, 0으로 표기된 길은 갈 수 있는 길, . 은 경로)

```
      1   1 1 1 1 1
start 0   1 0 0 1
      1   0 0 0 1 1
      1   0 1 0 1 1
      1   0 1 0 0 exit
      1   1 1 1 1 1
```

[힌트] 현재의 위치에서 가능한 각 방향을 스택에 저장해두었다가 길이 막히면 스택에서 다음 가능한 탐색 위치를 찾아 계속 탐색한다.

실행 결과

```
1 1 1 1 1 1
. 0 1 0 0 1
1 0 0 0 1 1
1 0 1 0 1 1
1 0 1 0 0 x
1 1 1 1 1 1

1 1 1 1 1 1
. . 1 0 0 1
1 0 0 0 1 1
1 0 1 0 1 1
1 0 1 0 0 x
1 1 1 1 1 1
```

```
1 1 1 1 1 1
. . 1 0 0 1
1 . 0 0 1 1
1 0 1 0 1 1
1 0 1 0 0 x
1 1 1 1 1 1

1 1 1 1 1 1
. . 1 0 0 1
1 . . 0 1 1
1 0 1 0 1 1
1 0 1 0 0 x
1 1 1 1 1 1

1 1 1 1 1 1
. . 1 0 0 1
1 . . . 1 1
1 0 1 0 1 1
1 0 1 0 0 x
1 1 1 1 1 1

1 1 1 1 1 1
. . 1 0 0 1
1 . . . 1 1
1 0 1 . 1 1
1 0 1 0 0 x
1 1 1 1 1 1

1 1 1 1 1 1
. . 1 0 0 1
1 . . . 1 1
1 0 1 . 1 1
1 0 1 . 0 x
1 1 1 1 1 1

1 1 1 1 1 1
. . 1 0 0 1
1 . . . 1 1
1 0 1 . 1 1
1 0 1 . . x
1 1 1 1 1 1
```
성공

심화문제 4 | 앱 Undo, Redo 구현

일반적으로 응용소프트웨어에는 여러 작업을 수행하면서 바로 전 작업을 취소(Undo)하거나 취소했던 마지막 작업을 다시 실행(Redo)하는 기능이 있다. 이를 스택을 이용하여 간단히 작성하세요.

- 작업의 종류는 A,B,C,U,R,P이고, U는 Undo, R은 Redo이며 P는 마지막으로 실제로 이루어진 작업의 리스트를 출력하는 명령
- U를 선택하면 마지막 작업을 취소하며, 만일 취소할 작업이 없는 경우 "No job for Undo"라고 출력
- R을 선택하면 마지막 작업을 재실행하며, 만일 재실행할 작업이 없는 경우 "No job for Redo"라고 출력

실행 예시

```
원하는 작업 입력(A / B / C / U(ndo) / R(edo) / P(rint)): A
Job A done
원하는 작업 입력(A / B / C / U(ndo) / R(edo) / P(rint)): B
Job B done
원하는 작업 입력(A / B / C / U(ndo) / R(edo) / P(rint)): U
Job B undo
원하는 작업 입력(A / B / C / U(ndo) / R(edo) / P(rint)): R
Job B redo
원하는 작업 입력(A / B / C / U(ndo) / R(edo) / P(rint)): C
Job C done
원하는 작업 입력(A / B / C / U(ndo) / R(edo) / P(rint)): R
No job for Redo.
원하는 작업 입력(A / B / C / U(ndo) / R(edo) / P(rint)): A
Job A done
```

```
원하는 작업 입력(A / B / C / U(ndo) / R(edo) / P(rint)): C
Job C done
원하는 작업 입력(A / B / C / U(ndo) / R(edo) / P(rint)): U
Job C undo
원하는 작업 입력(A / B / C / U(ndo) / R(edo) / P(rint)): P
A B C A
```

6. Queue

1 큐를 이용한 서비스 구현

기초문제

서비스 센터를 방문하는 사람들은 도착하는 순서대로 서비스를 받게 된다. 이를 큐를 이용하여 구현하세요.

실행 예시

```
서비스를 원하는 사람의 수는? 5
도착하는 순서대로 이름(알파벳 한 글자)을 쓰세요
DBCAH
<도착한 순서>
  D | B | C | A | H |
<서비스 받는 순서>
D B C A H
```

선형큐 구현

선형큐의 크기가 20일 때, 0이상 100 미만의 난수 10개를 발생시켜 큐에 넣고 세 번의 dequeue를 수행한 후의 큐의 상태를 출력하는 코드를 작성하세요.

실행 예시

```
<insert 후 큐 상태>
Queue(front:0, rear: 10) = 58 | 47 | 20 | 94 | 15 | 16 | 40 | 98 | 58 | 31 |
<delete 후 큐 상태>
Queue(front:3, rear: 10) = 94 | 15 | 16 | 40 | 98 | 58 | 31 |
```

기초문제 3 원형큐 구현

Queue 자료구조를 원형큐로 구현하세요. (큐의 최대 크기는 5라고 가정함)

실행 예시

```
<데이터 추가>
정수입력: 1
Queue(front:0, rear: 1) =   1 |
정수입력: 2
Queue(front:0, rear: 2) =   1 | 2 |
정수입력: 3
Queue(front:0, rear: 3) =   1 | 2 | 3 |
정수입력: 4
Queue(front:0, rear: 4) =   1 | 2 | 3 | 4 |
Queue is full.
<데이터 가져오기>
  1
Queue(front:1, rear: 4) =   2 | 3 | 4 |
  2
Queue(front:2, rear: 4) =   3 | 4 |
  3
Queue(front:3, rear: 4) =   4 |
  4
Queue(front:4, rear: 4) =
Queue is empty.
```

1 큐를 사용하여 피보나치 수열 구현

연습문제

피보나치 수열을 재귀 호출을 하지 않고 큐를 사용하여 출력하는 코드를 작성하세요.
(F(0)에 해당하는 최초 원소의 location은 0이라고 가정함)

- 피보나치 수열 정의

    $F(0) = 0, F(1) = 1$

    $F(n) = F(n-1) + F(n-2)$ (n≥2일 때)

- 초기에는 F(0)와 F(1)의 값이 큐에 저장된 상태로 시작

[힌트] dequeue, peek, enqueue를 반복적으로 사용

실행 예시

```
Input a fibonicci location: 8
0 1 1 2 3 5 8 13 21

Input a fibonicci location: 15
0 1 1 2 3 5 8 13 21 34 55 89 144 233 377 610
```

2 배열을 사용하여 원형큐 구현

연습문제

배열을 활용한 원형큐 코드를 작성하고, 원소의 개수를 반환하는 함수를 추가하여 실행 결과와 같이 출력되도록 작성하세요.

실행 예시

```
원하는 작업(E/e:enqueue, D/d:dequeue, P/p:output, 0:quit): e
정수입력: 2

원하는 작업(E/e:enqueue, D/d:dequeue, P/p:output, 0:quit): e
정수입력: 5

원하는 작업(E/e:enqueue, D/d:dequeue, P/p:output, 0:quit): d
  2

원하는 작업(E/e:enqueue, D/d:dequeue, P/p:output, 0:quit): 2
Wrong input

원하는 작업(E/e:enqueue, D/d:dequeue, P/p:output, 0:quit): e
정수입력: 1

원하는 작업(E/e:enqueue, D/d:dequeue, P/p:output, 0:quit): e
정수입력: 7

원하는 작업(E/e:enqueue, D/d:dequeue, P/p:output, 0:quit): e
정수입력: 10
```

```
원하는 작업(E/e:enqueue, D/d:dequeue, P/p:output, 0:quit): p
Queue(front:1, rear: 0) =   5 |  1 |  7 | 10 |

원하는 작업(E/e:enqueue, D/d:dequeue, P/p:output, 0:quit): d
 5

원하는 작업(E/e:enqueue, D/d:dequeue, P/p:output, 0:quit): d
 1

원하는 작업(E/e:enqueue, D/d:dequeue, P/p:output, 0:quit): x
Wrong input


원하는 작업(E/e:enqueue, D/d:dequeue, P/p:output, 0:quit): d
 7

원하는 작업(E/e:enqueue, D/d:dequeue, P/p:output, 0:quit): e
정수입력: 2

원하는 작업(E/e:enqueue, D/d:dequeue, P/p:output, 0:quit): 0
현재 원소 개수는: 2
Queue(front:4, rear: 1) =  10 |  2 |
```

1 큐를 활용하여 마지막으로 남는 카드의 번호를 찾기

심화문제

사용자가 입력한 양수 N이 주어질 때, 다음과 같은 규칙에 따라 마지막으로 남는 카드의 번호를 찾는 코드를 작성하세요.

- 각 카드는 차례로 1부터 N까지의 번호가 붙어 있으며, 1번 카드가 제일 위, N번 카드가 제일 아래인 상태에서 아래 동작을 카드가 1장 남을 때까지 반복
  - 반복할 동작: ①번 동작과 ②번 동작
    ① 제일 위에 있는 카드를 버림
    ② 다음으로 제일 위에 있는 카드를 제일 아래에 있는 카드 밑으로 옮김
    (예) N=3인 경우
       - 단계1: 123
       - 단계2: 23 (맨위1을 버림)
       - 단계3: 32 (맨위2를 맨 아래로 옮김)
       - 단계4: 2 (맨위3을 버림 → 최종결과 2)

조건
- 연결리스트로 구현된 큐를 활용하기
- 연결리스트 시작 주소를 받아 노드의 개수를 반환하는 함수 구현 및 사용

실행 예시

```
Input number of cards: 5
  1 |  2 |  3 |  4 |  5 |
  2 |  3 |  4 |  5 |
  3 |  4 |  5 |  2 |
```

```
4 | 5 | 2 |
5 | 2 | 4 |
2 | 4 |
4 | 2 |
2 |
Final element is 2
```

```
Input number of cards: 10
 1 |  2 |  3 |  4 |  5 |  6 |  7 |  8 |  9 | 10 |
 2 |  3 |  4 |  5 |  6 |  7 |  8 |  9 | 10 |
 3 |  4 |  5 |  6 |  7 |  8 |  9 | 10 |  2 |
 4 |  5 |  6 |  7 |  8 |  9 | 10 |  2 |
 5 |  6 |  7 |  8 |  9 | 10 |  2 |  4 |
 6 |  7 |  8 |  9 | 10 |  2 |  4 |
 7 |  8 |  9 | 10 |  2 |  4 |  6 |
 8 |  9 | 10 |  2 |  4 |  6 |
 9 | 10 |  2 |  4 |  6 |  8 |
10 |  2 |  4 |  6 |  8 |
 2 |  4 |  6 |  8 | 10 |
 4 |  6 |  8 | 10 |
 6 |  8 | 10 |  4 |
 8 | 10 |  4 |
10 |  4 |  8 |
 4 |  8 |
 8 |  4 |
 4 |
Final element is 4
```

```
Input number of cards: 0
queue empty
```

2 원형큐를 사용하여 가위바위보 게임 구현

심화문제

줄을 서 있는 n명의 사람을 맨 앞부터 이웃한 두 명씩 짝을 지어 가위바위보를 수행하여 지는 사람은 탈락, 이기는 사람은 큐의 맨 뒤로 가서 순서가 되면 다시 새로운 짝과 가위바위보를 하는 방식으로 계속 반복하여 최종 한 명이 남도록 코드를 작성하세요.

- 원형큐를 사용할 것
- 줄 선 사람의 수는 최대 10명까지 가능
- 가위바위보를 위한 함수에서 rand() 함수 사용하기

실행 예시

```
줄 선 사람의 수는?: 7
Queue(front:0, rear: 7) =   0 | 1 | 2 | 3 | 4 | 5 | 6 |
0번 1번 가위바위보!
Winner: 1
Queue(front:2, rear: 8) =   2 | 3 | 4 | 5 | 6 | 1 |
2번 3번 가위바위보!
Winner: 3
Queue(front:4, rear: 9) =   4 | 5 | 6 | 1 | 3 |
4번 5번 가위바위보!
Winner: 5
Queue(front:6, rear: 10) =   6 | 1 | 3 | 5 |
6번 1번 가위바위보!
Winner: 1
Queue(front:8, rear: 11) =   3 | 5 | 1 |
3번 5번 가위바위보!
Winner: 5
```

```
Queue(front:10, rear: 12) =   1 |  5 |
1번 5번 가위바위보!
Winner: 5
Queue(front:12, rear: 13) =   5 |
queue is empty

Final Winner: 5
```

7. List I

1 단순 연결 리스트 만들기
기초문제

0이 아닌 정수 값을 입력하여 단순 연결 리스트를 만들고, 0을 입력하면 입력을 종료하고 생성된 단순 연결 리스트의 결과를 출력하는 프로그램을 작성하세요.

실행 예시

```
단순 연결 리스트에 추가할 정수를 입력하세요(0 입력 시 종료): 5
단순 연결 리스트에 추가할 정수를 입력하세요(0 입력 시 종료): 11
단순 연결 리스트에 추가할 정수를 입력하세요(0 입력 시 종료): -3
단순 연결 리스트에 추가할 정수를 입력하세요(0 입력 시 종료): 19
단순 연결 리스트에 추가할 정수를 입력하세요(0 입력 시 종료): -15
단순 연결 리스트에 추가할 정수를 입력하세요(0 입력 시 종료): 21
단순 연결 리스트에 추가할 정수를 입력하세요(0 입력 시 종료): 0

<List>
5 11 -3 19 -15 21
```

2 단순 연결 리스트 노드의 개수
기초문제

단순 연결 리스트의 노드의 총 개수와 특정 값의 노드의 개수를 출력하는 프로그램을 작성하세요.

실행 예시

```
단순 연결 리스트에 추가할 정수를 입력하세요(0 입력 시 종료): 5
단순 연결 리스트에 추가할 정수를 입력하세요(0 입력 시 종료): 10
단순 연결 리스트에 추가할 정수를 입력하세요(0 입력 시 종료): 30
단순 연결 리스트에 추가할 정수를 입력하세요(0 입력 시 종료): 19
단순 연결 리스트에 추가할 정수를 입력하세요(0 입력 시 종료): 5
단순 연결 리스트에 추가할 정수를 입력하세요(0 입력 시 종료): 21
단순 연결 리스트에 추가할 정수를 입력하세요(0 입력 시 종료): 0

<List>
5 10 30 19 5 21

노드 총 개수 : 6
데이터가 5인 노드의 개수 : 2
```

3 단순 연결 리스트의 탐색

기초문제

단순 연결 리스트의 노드 중에서 사용자가 입력한 값이 노드에 있는지를 탐색하는 프로그램을 작성하세요.

> **실행 예시**
>
> 단순 연결 리스트에 추가할 정수를 입력하세요(0 입력 시 종료): 5
> 단순 연결 리스트에 추가할 정수를 입력하세요(0 입력 시 종료): 11
> 단순 연결 리스트에 추가할 정수를 입력하세요(0 입력 시 종료): -3
> 단순 연결 리스트에 추가할 정수를 입력하세요(0 입력 시 종료): 19
> 단순 연결 리스트에 추가할 정수를 입력하세요(0 입력 시 종료): -15
> 단순 연결 리스트에 추가할 정수를 입력하세요(0 입력 시 종료): 21
> 단순 연결 리스트에 추가할 정수를 입력하세요(0 입력 시 종료): 0
>
> \<List\>
> 5 11 -3 19 -15 21
>
> 탐색할 노드의 값을 입력 : 19
> 19는 연결리스트에 있습니다.

4 기초문제 단순 연결 리스트의 노드 중 홀수/짝수 출력

단순 연결 리스트의 노드 중에서 홀수인 노드와 짝수인 노드들을 출력하는 프로그램을 작성하세요.

실행 예시

```
단순 연결 리스트에 추가할 정수를 입력하세요(0 입력 시 종료): 10
단순 연결 리스트에 추가할 정수를 입력하세요(0 입력 시 종료): 25
단순 연결 리스트에 추가할 정수를 입력하세요(0 입력 시 종료): 30
단순 연결 리스트에 추가할 정수를 입력하세요(0 입력 시 종료): 14
단순 연결 리스트에 추가할 성수를 입력하세요(0 입력 시 종료): 8
단순 연결 리스트에 추가할 정수를 입력하세요(0 입력 시 종료): 53
단순 연결 리스트에 추가할 정수를 입력하세요(0 입력 시 종료): 0

<List>
10 25 30 14 8 53

리스트에서 홀수인 노드들을 전부 출력
25 53
리스트에서 짝수인 노드들을 전부 출력
10 30 14 8
```

연습문제 1. 단순 연결 리스트의 노드 삭제

단순 연결 리스트의 노드에서 두 번째 노드를 삭제하는 프로그램을 작성하세요.

실행 예시

```
단순 연결 리스트에 추가할 정수를 입력하세요(0 입력 시 종료): 5
단순 연결 리스트에 추가할 정수를 입력하세요(0 입력 시 종료): 11
단순 연결 리스트에 추가할 정수를 입력하세요(0 입력 시 종료): 24
단순 연결 리스트에 추가할 정수를 입력하세요(0 입력 시 종료): 0
<List>
5 11 24
리스트에서 두 번째 노드를 삭제
<List>
5 24
```

2 단순 연결 리스트의 노드 삭제
연습문제

단순 연결 리스트의 노드에서 사용자가 입력한 값의 노드를 모두 삭제하는 프로그램을 작성하세요.

실행 예시

```
단순 연결 리스트에 추가할 정수를 입력하세요(0 입력 시 종료): 5
단순 연결 리스트에 추가할 정수를 입력하세요(0 입력 시 종료): 19
단순 연결 리스트에 추가할 정수를 입력하세요(0 입력 시 종료): 19
단순 연결 리스트에 추가할 정수를 입력하세요(0 입력 시 종료): 21
단순 연결 리스트에 추가할 정수를 입력하세요(0 입력 시 종료): 0
<List>
5 19 19 21
삭제할 노드의 값을 입력 : 19
<List>
5 21
```

3 단순 연결 리스트의 노드 삭제

연습문제

단순 연결 리스트의 노드 중에서 홀수 번째 있는 노드들을 삭제하는 프로그램을 작성하세요.

실행 예시

```
단순 연결 리스트에 추가할 정수를 입력하세요(0 입력 시 종료): 5
단순 연결 리스트에 추가할 정수를 입력하세요(0 입력 시 종료): 11
단순 연결 리스트에 추가할 정수를 입력하세요(0 입력 시 종료): 24
단순 연결 리스트에 추가할 정수를 입력하세요(0 입력 시 종료): 3
단순 연결 리스트에 추가할 정수를 입력하세요(0 입력 시 종료): 29
단순 연결 리스트에 추가할 정수를 입력하세요(0 입력 시 종료): 10
단순 연결 리스트에 추가할 정수를 입력하세요(0 입력 시 종료): 0
<List>
5 11 24 3 29 10
리스트에서 홀수 번째 있는 노드들을 전부 삭제
<List>
5 24 29
```

1 환자의 목록을 관리하는 프로그램

심화문제

병원 환자의 이름, 출생 연도와 생일을 입력받아 환자의 목록을 관리하는 프로그램을 단순 연결 리스트를 이용하여 작성하세요.

- 다음과 같은 구조체를 정의하여 사용할 것

```
typedef struct NODE {            //구조체타입 정의
        char name[100];          //이름
        int birthday;            //출생 연도와 생일
        struct NODE *link;
}NODE;
```

> 실행 예시

이름을 입력하세요: (종료하려면 엔터) 김모모
출생 연도와 생일을 입력하세요: 20021102

이름을 입력하세요: (종료하려면 엔터) 이모모
출생 연도와 생일을 입력하세요: 19980103

이름을 입력하세요: (종료하려면 엔터) 박모모
출생 연도와 생일을 입력하세요: 20131209
이름을 입력하세요: (종료하려면 엔터)

<환자 List>
이름: 김모모 출생 연도와 생일: 20021102
이름: 이모모 출생 연도와 생일: 19980103
이름: 박모모 출생 연도와 생일: 20131209

8. List II

연습문제 1 덱(Deque) 구현

덱(Deque)은 큐의 양 끝에서 insert, delete가 일어나는 구조이다. 이중 연결 리스트로 Deque을 구현하세요.

- 연산순서
  add_front 1 - add_rear 2 - add_front 3 - del_front - add_rear 4 - del_rear - add_front 5 - add_rear 6

실행 결과

```
<Deque 연산>
Deque: [  1  ]
Deque: [  1  2  ]
Deque: [  3  1  2  ]
Deque: [  1  2  ]
deleted element: 3
Deque: [  1  2  4  ]
Deque: [  1  2  ]
deleted element: 4
Deque: [  5  1  2  ]
Deque: [  5  1  2  6  ]
```

2 문자열 대칭 체크

연습문제

입력한 문자열이 대칭을 이루는지 체크하는 코드를 덱(Deque) 자료구조를 이용하여 작성하세요.

- 대칭이면 TRUE, 대칭이 아니면 FALSE를 출력

실행 예시

```
문자를 입력하세요: racecar
TRUE
```

```
문자를 입력하세요: hello
FALSE
```

```
문자를 입력하세요: Wow
FALSE
```

```
문자를 입력하세요: RACE car
FALSE
```

연습문제 3   문자열 대칭 체크

연습문제2에서 다음과 같은 조건을 추가하여 구현하세요.

조건
 (1) 대소문자 구분 없이 비교
 (2) 구두점, 공백 무시
 (3) 덱(Deque) 구현 시 이중 연결리스트로 구현

실행 예시

문자를 입력하세요: Wow
TRUE

문자를 입력하세요: RACE car
TRUE

1 이중 원형 연결리스트 생성 및 삭제

심화문제

사용자 입력에 따라 이중 원형 연결리스트를 생성하고 삭제를 원하는 값을 입력받아 검색하여 삭제한 결과를 출력하는 코드를 작성하세요.

- 같은 값은 입력되지 않는다고 가정(체크 필요 없음)
- 새로운 노드 insert 위치는 head 노드 바로 다음
- 다음 사용자 정의 함수는 꼭 포함하기
    1. 리스트 출력함수
    2. insert/delete 함수 : 하나로 정의해도 되고 따로 정의해서 내부적으로 호출해도 됨
- 필요시 다른 함수 추가 가능

실행 예시

```
이중 연결 리스트에 추가할 정수를 입력하세요(0 입력 시 종료): 2
이중 연결 리스트에 추가할 정수를 입력하세요(0 입력 시 종료): 6
이중 연결 리스트에 추가할 정수를 입력하세요(0 입력 시 종료): -3
이중 연결 리스트에 추가할 정수를 입력하세요(0 입력 시 종료): 9
이중 연결 리스트에 추가할 정수를 입력하세요(0 입력 시 종료): -5
이중 연결 리스트에 추가할 정수를 입력하세요(0 입력 시 종료): 1
이중 연결 리스트에 추가할 정수를 입력하세요(0 입력 시 종료): 0

<List>
1 -5 9 -3 6 2
리스트에서 찾고 삭제하려는 숫자를 입력하세요: -3
-3 발견, 삭제
<List>
1 -5 9 6 2
```

> 실행 예시

이중 연결 리스트에 추가할 정수를 입력하세요(0 입력 시 종료): 43
이중 연결 리스트에 추가할 정수를 입력하세요(0 입력 시 종료): -3
이중 연결 리스트에 추가할 정수를 입력하세요(0 입력 시 종료): 6
이중 연결 리스트에 추가할 정수를 입력하세요(0 입력 시 종료): 5
이중 연결 리스트에 추가할 정수를 입력하세요(0 입력 시 종료): 11
이중 연결 리스트에 추가할 정수를 입력하세요(0 입력 시 종료): 0

<List>
11 5 6 -3 43
리스트에서 찾고 삭제하려는 숫자를 입력하세요: 7
7 은 리스트에 없습니다
<List>
11 5 6 -3 43

9. Tree

1 이진 트리의 순회

기초문제

다음과 같은 이진 트리를 Preorder, Inorder, Postorder 방식으로 순회한 결과를 출력하세요.

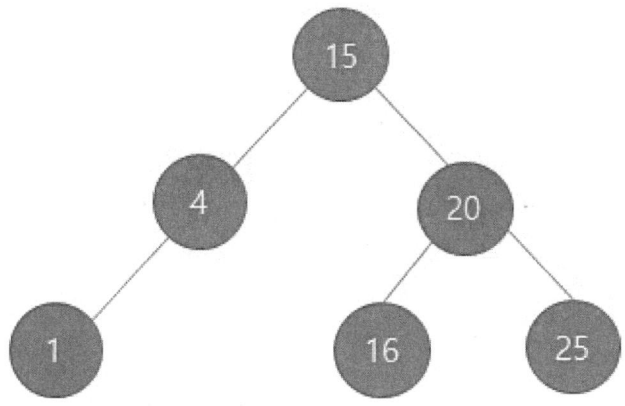

실행 예시

```
Preorder:[15][4][1][20][16][25]
Inorder:[1][4][15][16][20][25]
Postorder:[1][4][16][25][20][15]
```

2 이진 트리의 순회

기초문제

다음과 같은 이진 탐색 트리에 사용자가 입력한 값을 insert한 후, 이를 preorder로 순회한 결과를 출력하세요.

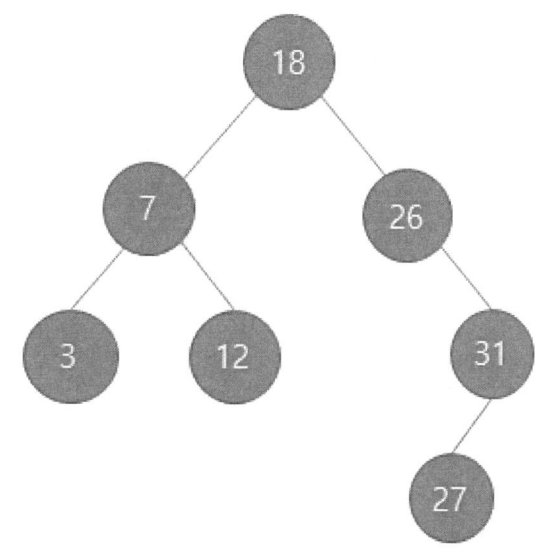

실행 결과

Insert할 값: 15
이진 탐색 트리 preorder 순회 결과
[18][7][3][12][15][26][31][27]

1 이진 트리 inorder 탐색 함수 구현

연습문제

다음과 같은 이진 탐색 트리가 주어졌을 때, 이진트리의 inorder 탐색 함수를 재귀적 방법과 스택을 사용한 방법으로 구현하세요.

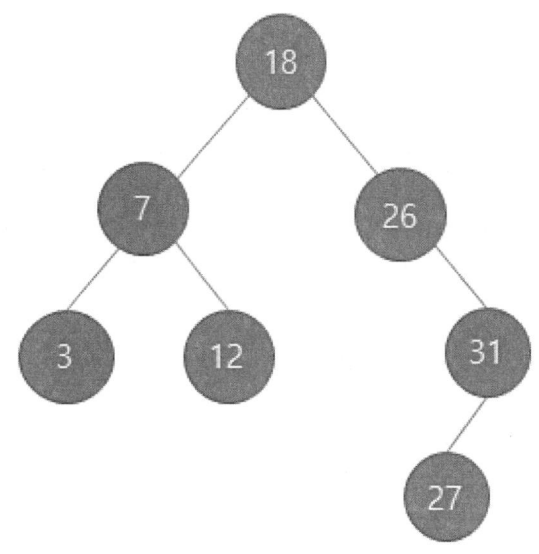

실행 결과

이진 탐색 트리 inorder 순회 결과(재귀함수 사용)
 [3] [7] [12] [18] [26] [27] [31]

이진 탐색 트리 inorder 순회 결과(스택 사용)
 [3] [7] [12] [18] [26] [27] [31]

2 연습문제 이진 트리의 모든 노드 값의 합계, 평균, 최댓값, 최솟값 구하기

주어진 이진 트리의 모든 노드 값을 합한 합계, 평균, 최댓값, 최솟값을 구하는 코드를 작성하세요.

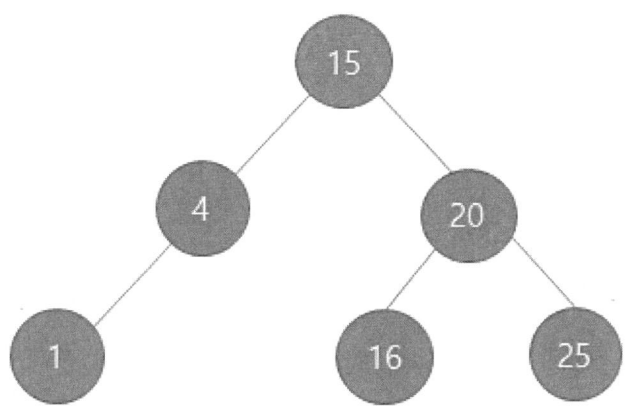

실행 결과

```
이진 탐색 트리 inorder 순회 결과
 [1] [4] [15] [16] [20] [25]

sum: 81
avg: 13.50
max: 25
min: 1
```

이진 트리의 연산

그림과 같은 이진 트리에 대한 다음 연산을 구현하고 결과를 출력하세요.

- 연산: 높이 구하기, 전체 노드 개수 구하기, 말단 노드 개수 구하기

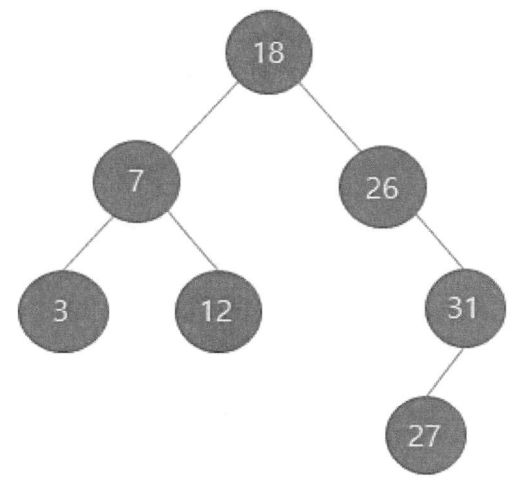

실행 결과

```
이진 탐색 트리 inorder 순회 결과
 [3] [7] [12] [18] [26] [27] [31]

높이: 4
전체 노드 개수: 7
말단 노드 개수: 3
```

1 이진 트리의 연산

심화문제

주어진 이진 탐색 트리에서 left child node의 수와 right child node의 수를 구하는 코드를 작성하세요.

- left child node는 부모노드의 왼쪽 링크에 연결된 노드이고 right child node는 부모노드의 오른쪽 링크에 연결된 노드
- 주어진 트리의 경우 left child node: 7, 3, 19, 10
  right child node: 26, 12, 31, 17, 25, 35, 11

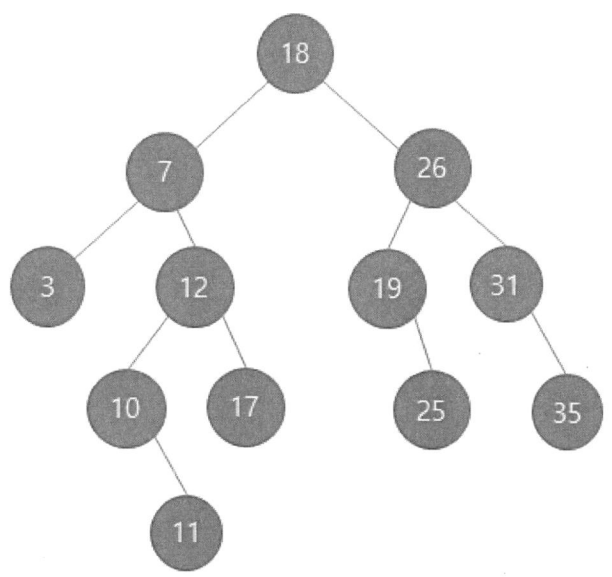

실행 결과

```
이진 탐색 트리 inorder 순회 결과
 [3] [7] [10] [11] [12] [17] [18] [19] [25] [26] [31] [35]
left child 노드 개수: 4
right child 노드 개수: 7
```

심화문제 2 : Balanced tree 검사

이진 트리의 왼쪽 subtree와 오른쪽 subtree의 높이 차이가 최대 1 이하인 경우를 balanced tree라고 할 때, 이를 검사하는 함수를 구현하세요.

[힌트] 높이 구하는 함수를 활용하여 왼쪽 subtree, 오른쪽 subtree의 높이를 구하여 비교하기

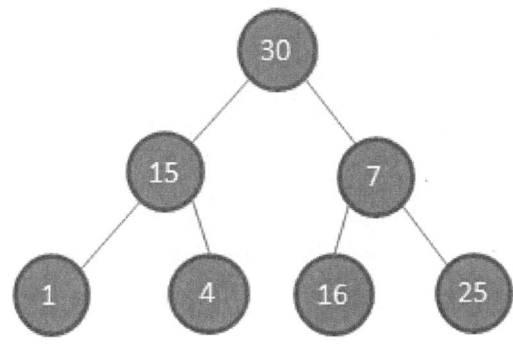

실행 결과

```
Balanced tree? Yes
```

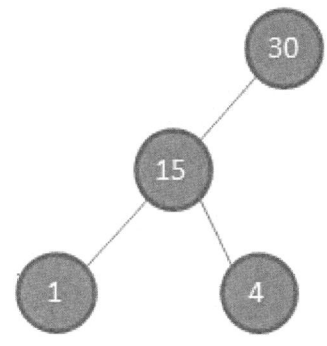

실행 결과

Balanced tree? No

3 이진 탐색 트리의 삽입, 삭제 연산

심화문제

그림과 같이 주어진 이진 탐색 트리에서 특정 노드를 삭제하려고 할 때는 삭제하려는 노드의 왼쪽 subtree의 최댓값 또는 오른쪽 subtree의 최솟값 중 하나로 삭제할 노드를 대신한다. 왼쪽 subtree의 최댓값을 찾는 함수와 오른쪽 subtree의 최솟값을 찾는 함수를 구현하고 둘 중 삭제하려는 값과 좀 더 가까운 수로 대체하는 코드를 작성하세요. (차이가 동일한 경우는 왼쪽 subtree의 최댓값으로 대체)

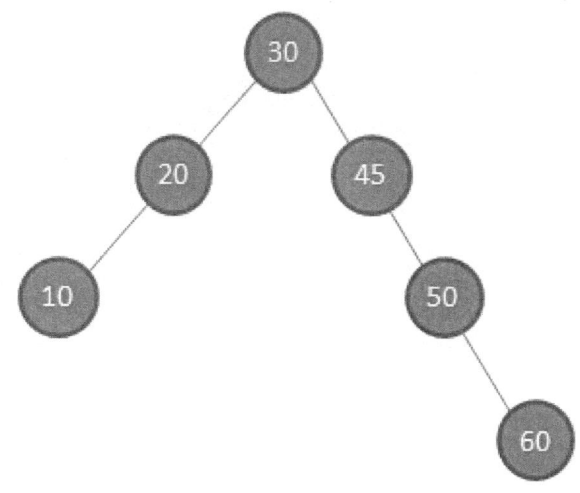

실행 예시

```
이진 탐색 트리 inorder 순회 결과
[10] [20] [30] [45] [50] [60]
```

* operation 선택: Insert(I) / Delete(D) / Exit(X): I
Insert할 값은? 47
 [10] [20] [30] [45] [47] [50] [60]

* operation 선택: Insert(I) / Delete(D) / Exit(X): D
Delete할 값은? 30
left subtree의 max: 20
right subtree의 min: 45
20 이(가) 30 위치로 이동하고 30 삭제됨
 [10] [20] [45] [47] [50] [60]

* operation 선택: Insert(I) / Delete(D) / Exit(X): D
Delete할 값은? 50
left subtree의 max: 47
right subtree의 min: 60
47 이(가) 50 위치로 이동하고 50 삭제됨
 [10] [20] [45] [47] [60]

* operation 선택: Insert(I) / Delete(D) / Exit(X): X
프로그램 종료

10. Heap

1 Max Heap 구성 및 원소 삭제
기초문제

다음과 같은 원소를 순서대로 입력하여 max heap을 구성한 다음, root로부터 하나씩 삭제하여 출력하세요.

5, 16, 29, 8, 30, 7

실행 결과

```
5 16 29 8 30 7
<max heap의 delete 결과>
30 29 16 8 7 5
```

2 Min Heap 구성 및 레벨 순회

기초문제

기초문제1의 원소와 동일한 값을 순서대로 입력하여 min heap을 구성한 다음, 이를 root로부터 차례로 레벨 순회한 결과를 출력하는 코드를 작성하세요.

> 실행 결과

5 16 29 8 30 7
<min heap의 레벨 순회 결과>
5 8 7 16 30 29

1 Max Heap의 마지막 원소의 값을 출력

연습문제

max heap에서 사용자가 새로운 값을 입력할 때마다 heap의 가장 마지막 원소의 값을 출력하는 코드를 작성하세요.

실행 예시

```
heap을 구성할 원소값(양수) 입력(0 입력시 종료): 16
마지막 원소: 16
heap을 구성할 원소값(양수) 입력(0 입력시 종료): 18
마지막 원소: 16
heap을 구성할 원소값(양수) 입력(0 입력시 종료): 7
마지막 원소: 7
heap을 구성할 원소값(양수) 입력(0 입력시 종료): 20
마지막 원소: 16
heap을 구성할 원소값(양수) 입력(0 입력시 종료): 30
마지막 원소: 18
heap을 구성할 원소값(양수) 입력(0 입력시 종료): 5
마지막 원소: 5
heap을 구성할 원소값(양수) 입력(0 입력시 종료): 42
마지막 원소: 7
heap을 구성할 원소값(양수) 입력(0 입력시 종료): 0
```

2 Min Heap 구성 및 오름차순 정렬 결과 출력

연습문제

사용자로부터 양의 정수를 반복적으로 입력받아 min heap을 구성하고, 이를 이용하여 오름차순으로 정렬된 결과를 출력하세요.

조건: 사용자가 0을 입력하면 입력이 종료된다고 가정함

실행 예시

```
양수 입력(0 입력시 종료)
5
32
14
63
21
9
41
2
0
<Insert 후 heap상태>
2 5 9 21 32 14 41 63
<정렬결과>
2 5 9 14 21 32 41 63
```

1 Max Heap과 Min Heap의 구성 및 결과 출력

심화문제

사용자로부터 연산과 key 값을 반복적으로 입력받아 max heap과 min heap을 구성하고 결과를 출력하는 코드를 구현하세요.

조건

(1) max heap과 min heap 구성하기
(2) operation을 위해 반복문과 switch 사용
(3) 잘못된 입력은 "Wrong Input" 출력 후 반복 계속
(4) print_heap 함수 작성하기

실행 예시

```
*Input Operation I(Insert)  D(Delete)  X(Exit): I
Input value to insert:5
<Max Heap>
5
<Min Heap>
5
*Input Operation I(Insert)  D(Delete)  X(Exit): I
Input value to insert:2
<Max Heap>
5 2
<Min Heap>
2 5
```

```
*Input Operation I(Insert)  D(Delete)  X(Exit): I
Input value to insert:9
<Max Heap>
9 2 5
<Min Heap>
2 5 9
*Input Operation I(Insert)  D(Delete)  X(Exit): I
Input value to insert:12
<Max Heap>
12 9 5 2
<Min Heap>
2 5 9 12
*Input Operation I(Insert)  D(Delete)  X(Exit): I
Input value to insert:3
<Max Heap>
12 9 5 2 3
<Min Heap>
2 3 9 12 5
*Input Operation I(Insert)  D(Delete)  X(Exit): D
<Max Heap>
9 3 5 2
<Min Heap>
3 5 9 12
*Input Operation I(Insert)  D(Delete)  X(Exit): I
Input value to insert:1
<Max Heap>
9 3 5 2 1
<Min Heap>
1 3 9 12 5
*Input Operation I(Insert)  D(Delete)  X(Exit): I
Input value to insert:7
<Max Heap>
9 3 7 2 1 5
<Min Heap>
1 3 7 12 5 9
*Input Operation I(Insert)  D(Delete)  X(Exit): X
```

2 심화문제 Max Heap 삽입, 삭제, 출력 연산

max heap을 사용하여 사용자가 선택한 연산을 수행하는 코드를 구현하세요.

조건
  (1) 반복문을 사용하여 연산 수행
  (2) 선택연산: Insert, Delete, Print, Exit
  (3) 삭제 후 heap의 성질을 계속 만족해야 함

> 실행 예시

```
Input Operation  I(Insert)  D(Delete)  P(Print)  X(Exit): I
Input value to insert:8
Input Operation  I(Insert)  D(Delete)  P(Print)  X(Exit): I
Input value to insert:6
Input Operation  I(Insert)  D(Delete)  P(Print)  X(Exit): I
Input value to insert:4
Input Operation  I(Insert)  D(Delete)  P(Print)  X(Exit): I
Input value to insert:3
Input Operation  I(Insert)  D(Delete)  P(Print)  X(Exit): I
Input value to insert:5
```

```
Input Operation  I(Insert)  D(Delete)  P(Print)  X(Exit): I
Input value to insert:2
Input Operation  I(Insert)  D(Delete)  P(Print)  X(Exit): I
Input value to insert:1
Input Operation  I(Insert)  D(Delete)  P(Print)  X(Exit): P
8 6 4 3 5 2 1
Input Operation  I(Insert)  D(Delete)  P(Print)  X(Exit): D
Input value to delete:4
Input Operation  I(Insert)  D(Delete)  P(Print)  X(Exit): P
8 6 2 3 5 1
Input Operation  I(Insert)  D(Delete)  P(Print)  X(Exit): D
Input value to delete:8
Input Operation  I(Insert)  D(Delete)  P(Print)  X(Exit): I
Input value to insert:7
Input Operation  I(Insert)  D(Delete)  P(Print)  X(Exit): P
7 5 6 3 1 2
Input Operation  I(Insert)  D(Delete)  P(Print)  X(Exit): D
Input value to delete:6
Input Operation  I(Insert)  D(Delete)  P(Print)  X(Exit): P
7 5 2 3 1
Input Operation  I(Insert)  D(Delete)  P(Print)  X(Exit): X
```

11. Graph I

1 무방향그래프를 배열과 리스트를 이용하여 표현

기초문제

다음과 같은 무방향그래프가 주어졌을 때, 해당 그래프를 배열과 리스트를 이용하여 각각 표현하세요.

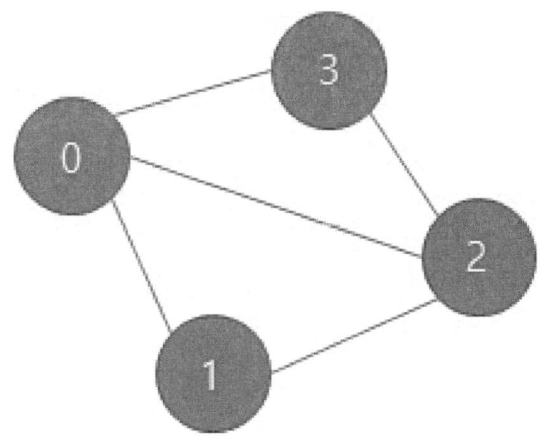

실행 예시

```
0 1 1 1
1 0 1 0
1 1 0 1
1 0 1 0

vertex 0의 인접리스트   -> 3  -> 2  -> 1
vertex 1의 인접리스트   -> 2  -> 0
vertex 2의 인접리스트   -> 3  -> 1  -> 0
vertex 3의 인접리스트   -> 2  -> 0
```

2 방향그래프를 DFS와 BFS 방법으로 탐색
기초문제

다음과 같은 방향그래프가 주어졌을 때, 해당 그래프를 DFS와 BFS 방법으로 탐색한 결과를 출력하세요.

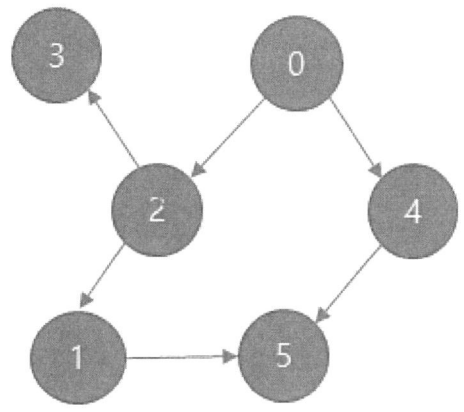

실행 예시

```
<Depth First Search>
vertex0  vertex4  vertex5  vertex2  vertex3  vertex1
<Breadth First Search>
vertex0  vertex4  vertex2  vertex5  vertex3  vertex1
```

1 방향그래프의 in-degree와 out-degree의 개수를 출력

연습문제

다음 그림과 같은 방향그래프가 있을 때, 이를 배열로 표현하고 각 vertex의 in-degree와 out-degree의 개수를 출력하는 코드를 작성하세요.

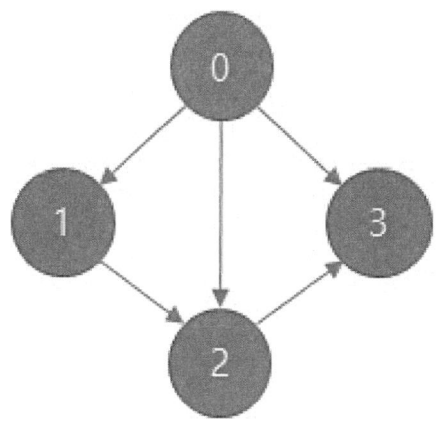

실행 결과

```
0 1 1 1
0 0 1 0
0 0 0 1
0 0 0 0
vertex0 out-degree: 3
vertex1 out-degree: 1
vertex2 out-degree: 1
vertex3 out-degree: 0
vertex0 in-degree: 0
vertex1 in-degree: 1
vertex2 in-degree: 2
vertex3 in-degree: 2
```

2 연결그래프 판별
연습문제

주어진 그래프에 대해서 연결그래프/비연결그래프를 판별해주는 코드를 구현하세요.

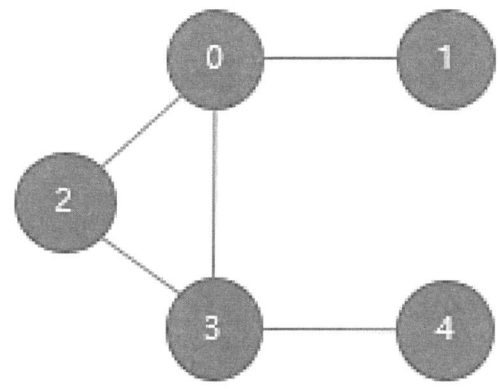

실행 결과

연결그래프

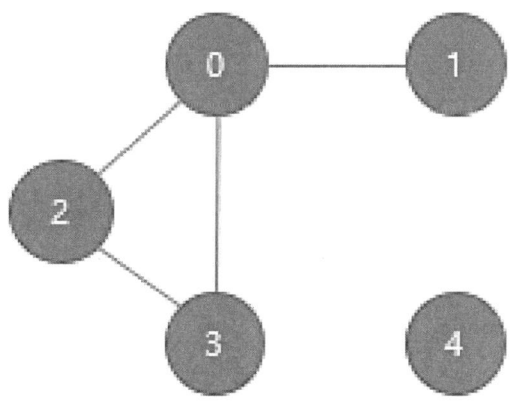

실행 결과

비연결그래프

심화문제 1 DFS를 찾는 함수를 구현

(1) Stack과 인접행렬을 이용하여 DFS를 찾는 함수를 구현하고, 각 입력에 대해 결과를 출력하세요.

조건
- 재귀 호출하지 말고 Stack을 직접 이용해서 DFS 함수 구현하기
- 무방향그래프와 방향그래프 각각을 표현하는 입력값에 따라 결과 출력하기
- 그래프를 행렬로 표시하기
- DFS를 행렬과 재귀 호출 이용해서 찾기
- DFS를 Stack을 이용한 함수 호출해서 찾기

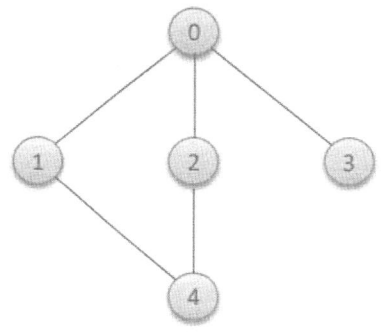

실행 예시

```
<Graph Matrix>
0 1 1 1 0
1 0 0 0 1
1 0 0 0 1
1 0 0 0 0
0 1 1 0 0
```

```
<Depth First Search-recursive>
vertex0 vertex1 vertex4 vertex2 vertex3
<Depth First Search-stack>
vertex0 vertex3 vertex2 vertex4 vertex1
```

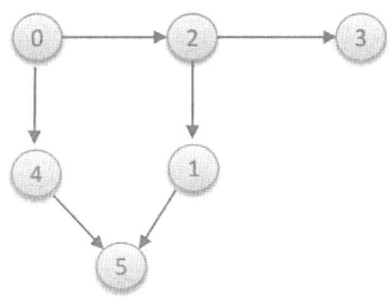

실행 예시

```
<Graph Matrix>
0 0 1 0 1 0
0 0 0 0 0 1
0 1 0 1 0 0
0 0 0 0 0 0
0 0 0 0 0 1
0 0 0 0 0 0
<Depth First Search-recursive>
vertex0 vertex2 vertex1 vertex5 vertex3 vertex4
<Depth First Search-stack>
vertex0 vertex4 vertex5 vertex2 vertex3 vertex1
```

(2) (1)번과 같은 결과가 나오도록 list를 이용해서 구현해보세요.

2 방향그래프에서 Cycle이 존재하는지 확인

심화문제

주어진 방향그래프에서 Cycle이 존재하는지 확인하는 코드를 구현하세요.

[힌트] DFS 알고리즘 활용하기

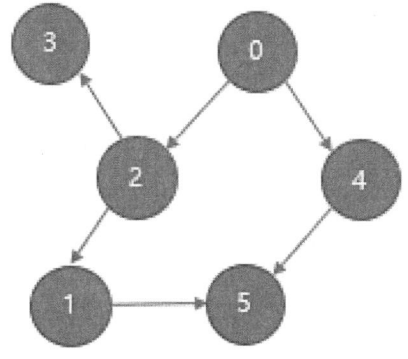

실행 결과

Cycle이 존재하지 않음

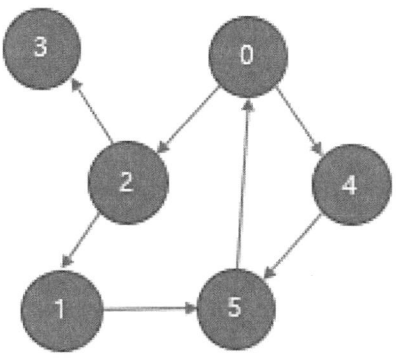

실행 결과

Cycle이 존재

12. Graph II

1 Kruskal과 Prim의 MST 알고리즘

기초문제

다음과 같은 그래프가 주어졌을 때, Kruskal의 알고리즘과 Prim의 알고리즘에 의해 각각 MST(Minimum Spanning Tree)를 찾고, 이에 대한 코드의 실행 결과를 비교하세요.

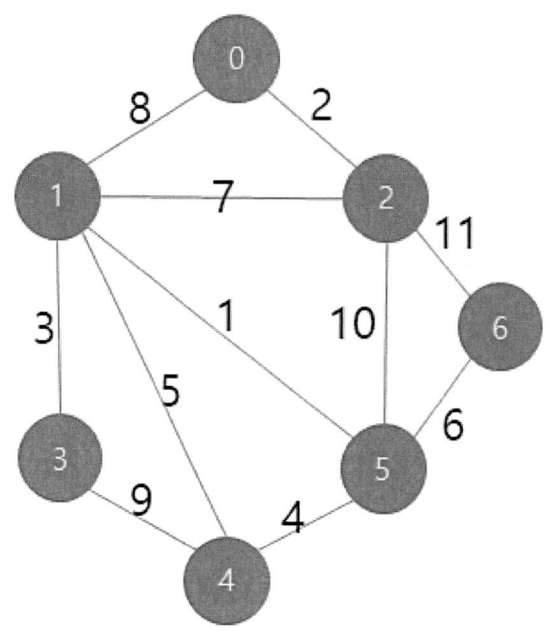

Kruskal 실행 결과

```
<Kruskal MST 결과>
Edge (1,5) 1
Edge (0,2) 2
Edge (1,3) 3
Edge (4,5) 4
Edge (5,6) 6
Edge (1,2) 7
전체 MST의 길이: 23
```

Prim 실행 결과

```
<Prim MST 결과>
vertex 0
vertex 2
vertex 1
vertex 5
vertex 3
vertex 4
vertex 6
전체 MST의 길이: 23
```

Dijkstra 알고리즘의 활용

다음 그래프의 0번 노드를 시작점으로 하여 Dijkstra 알고리즘을 이용하여 나머지 노드로의 shortest path가 발견된 vertex 순서를 쓰세요.

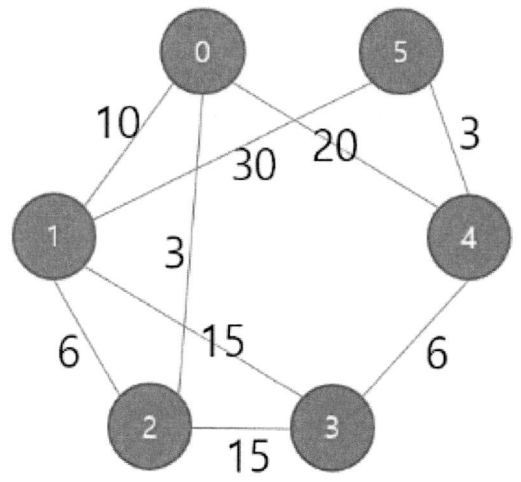

실행 결과

```
<shortest path가 발견된 vertex 순서>
0 2 1 3 4 5
```

1 Kruskal 알고리즘의 활용

연습문제

다음과 같은 가중치 그래프가 주어졌을 때 Kruskal 알고리즘을 활용하여 Edge를 정렬한 결과, MST에 추가되는 Edge 순서, MST의 총 길이가 출력되도록 코딩하세요.

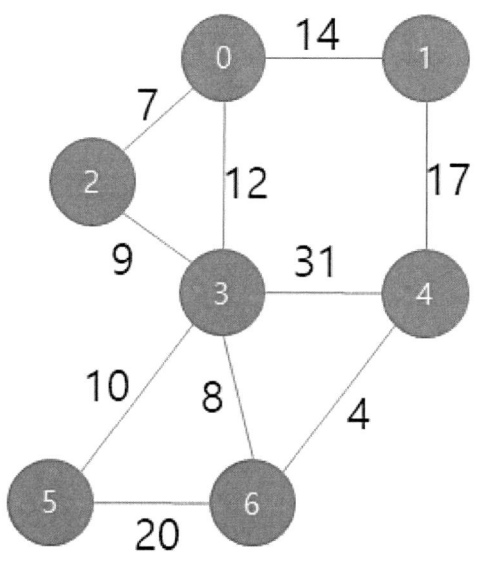

Edge Sort 실행 결과
4 - 6: 4
0 - 2: 7
3 - 6: 8
2 - 3: 9
3 - 5: 10
0 - 3: 12
0 - 1: 14
1 - 4: 17
5 - 6: 20
3 - 4: 31

> **Kruskal MST 실행 결과**
>
> Edge (4,6) 4
> Edge (0,2) 7
> Edge (3,6) 8
> Edge (2,3) 9
> Edge (3,5) 10
> Edge (0,1) 14
> 전체 MST의 길이: 52

2 Prim 알고리즘의 활용

연습문제

다음과 같이 가중치 그래프가 주어졌을 때 Prim 알고리즘에서 MST를 찾을 수 있는지, 즉 연결그래프인지 아닌지를 판단하여 이를 출력할 수 있도록 수정하세요. (단, 가중치 그래프의 입력은 각 vertex 별로 나머지 다른 vertex까지의 거리를 값으로 하는 행렬로 표현되며 직접 연결되지 않은 vertex까지의 거리는 무한대로 표현한다고 가정함.)

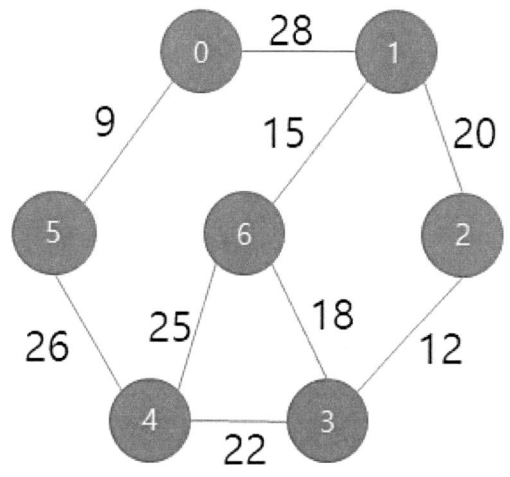

실행 결과

```
시작 vertex 번호:0
<Prim MST 결과>
vertex 0
vertex 5
vertex 4
vertex 3
vertex 2
vertex 6
vertex 1
전체 MST의 길이: 102
```

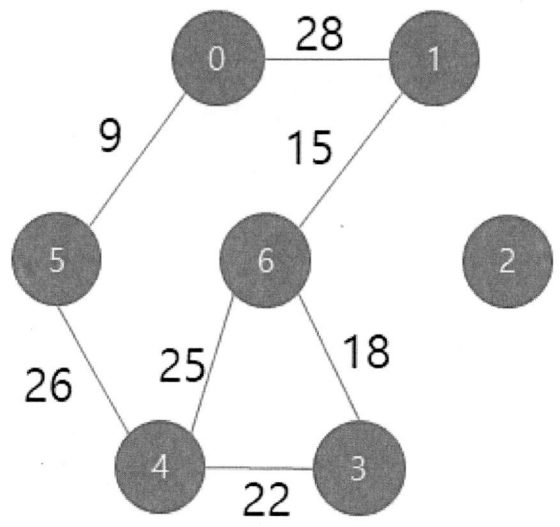

> **실행 결과**

```
시작 vertex 번호:0
<Prim MST 결과>
연결 그래프가 아니어서 MST를 찾을 수 없음
연결되어있는 부분에서의 MST 결과
vertex 0
vertex 5
vertex 4
vertex 3
vertex 6
vertex 1
전체 MST의 길이: 90
```

1 Dijkstra 알고리즘의 활용

심화문제

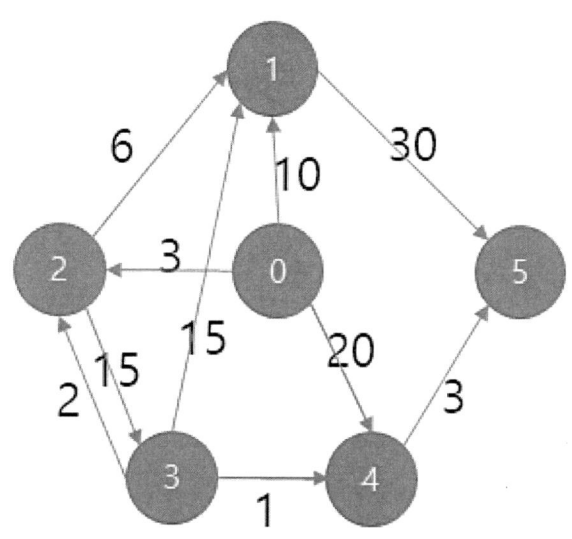

(1) Dijkstra 알고리즘을 수정하여 주어진 방향 그래프에서 vertex 0번부터 다른 모든 vertex까지의 최단경로가 발견된 순서 및 각각의 path 길이를 출력하세요.

실행 결과

```
<shortest path가 발견된 vertex 순서 및 거리>
vertex번호 : 거리
  0:  0
  2:  3
  1:  9
  3: 18
  4: 19
  5: 22
```

(2) 주어진 방향 그래프에 대해서 Dijkstra 알고리즘을 Floyd 알고리즘과 같이 각각의 vertex로부터 나머지 모든 vertex로의 shortest path를 찾는 방식으로 수정하세요. (단, 경로가 없는 경우는 100000으로 출력함)

> 실행 결과

```
<각 vertex로부터 shortest path가 발견된 vertex 순서 및 거리>
vertex번호 : 0
 0: 0
 2: 3
 1: 9
 3: 18
 4: 19
 5: 22
vertex번호 : 1
 1: 0
 5: 30
 0: 100000
 2: 100000
 3: 100000
 4: 100000
vertex번호 : 2
 2: 0
 1: 6
 3: 15
 4: 16
 5: 19
 0: 100000
vertex번호 : 3
 3: 0
 4: 1
 2: 2
 5: 4
 1: 8
 0: 100000
```

```
vertex번호 :  4
 4: 0
 5: 3
 0: 100000
 1: 100000
 2: 100000
 3: 100000
vertex번호 :  5
 5: 0
 0: 100000
 1: 100000
 2: 100000
 3: 100000
 4: 100000
```

13. Sorting

1 선택 정렬

기초문제

다음 배열 arr을 선택 정렬을 사용하여 오름차순으로 정렬하는 과정과 결과를 출력하세요.

```
int arr[] = {10, 2, 8, 9, 4, 3, 5, 1}
```

> 실행 결과

```
정렬 전 =  10  2  8  9  4  3  5  1

  Step  1 =   1  2  8  9  4  3  5 10
  Step  2 =   1  2  8  9  4  3  5 10
  Step  3 =   1  2  3  9  4  8  5 10
  Step  4 =   1  2  3  4  9  8  5 10
  Step  5 =   1  2  3  4  5  8  9 10
  Step  6 =   1  2  3  4  5  8  9 10
  Step  7 =   1  2  3  4  5  8  9 10
Selection 정렬 후 =   1  2  3  4  5  8  9 10
```

2 삽입 정렬

기초문제

다음 배열 arr을 삽입 정렬을 사용하여 오름차순으로 정렬하는 과정과 결과를 출력하세요.

```
int arr[] = {10, 2, 8, 9, 4, 3, 5, 1}
```

실행 결과

```
정렬 전 =  10  2  8  9  4  3  5  1

  Step  1 =   2 10  8  9  4  3  5  1
  Step  2 =   2  8 10  9  4  3  5  1
  Step  3 =   2  8  9 10  4  3  5  1
  Step  4 =   2  4  8  9 10  3  5  1
  Step  5 =   2  3  4  8  9 10  5  1
  Step  6 =   2  3  4  5  8  9 10  1
  Step  7 =   1  2  3  4  5  8  9 10
Insertion 정렬 후 =   1  2  3  4  5  8  9 10
```

3 버블 정렬

기초문제

다음 배열 arr을 버블 정렬을 사용하여 오름차순으로 정렬하는 과정과 결과를 출력하세요.

```
int arr[] = {10, 2, 8, 9, 4, 3, 5, 1}
```

실행 결과

```
정렬 전 =  10  2  8  9  4  3  5  1

 Step  1 =   2  8  9  4  3  5  1 10
 Step  2 =   2  8  4  3  5  1  9 10
 Step  3 =   2  4  3  5  1  8  9 10
 Step  4 =   2  3  4  1  5  8  9 10
 Step  5 =   2  3  1  4  5  8  9 10
 Step  6 =   2  1  3  4  5  8  9 10
 Step  7 =   1  2  3  4  5  8  9 10
Bubble 정렬 후 =   1  2  3  4  5  8  9 10
```

연습문제 1 쉘 정렬

다음 배열 arr을 쉘 정렬을 사용하여 오름차순으로 정렬하는 과정과 결과를 출력하세요.

```
int arr[] = {10, 2, 8, 9, 4, 3, 5, 1}
```

실행 결과

```
정렬 전 = 10  2  8  9  4  3  5  1

  Step  1 =   3  2  1  9  4 10  5  8
  Step  2 =   3  2  1  5  4 10  9  8
  Step  3 =   1  2  3  4  5  8  9 10
Shell 정렬 후 =  1  2  3  4  5  8  9 10
```

연습문제 2 : 병합 정렬

다음 배열 arr을 병합 정렬을 사용하여 오름차순으로 정렬하는 과정과 결과를 출력하세요.

```
int arr[] = {10, 2, 8, 9, 4, 3, 5, 1}
```

실행 결과

```
정렬 전 =  10  2  8  9  4  3  5  1

 Step 1 =   2 10  8  9  4  3  5  1
 Step 2 =   2 10  8  9  4  3  5  1
 Step 3 =   2  8  9 10  4  3  5  1
 Step 4 =   2  8  9 10  3  4  5  1
 Step 5 =   2  8  9 10  3  4  1  5
 Step 6 =   2  8  9 10  1  3  4  5
 Step 7 =   1  2  3  4  5  8  9 10
Merge 정렬 후 =  1  2  3  4  5  8  9 10
```

3 삽입 내림차순 정렬
연습문제

다음 배열 arr을 삽입 정렬을 사용하여 내림차순으로 정렬하는 과정과 결과를 출력하세요.

```
int arr[] = {10, 2, 8, 9, 4, 3, 5, 1}
```

실행 결과

```
정렬 전 = 10  2  8  9  4  3  5  1

 Step  1 =  10  2  8  9  4  3  5  1
 Step  2 =  10  8  2  9  4  3  5  1
 Step  3 =  10  9  8  2  4  3  5  1
 Step  4 =  10  9  8  4  2  3  5  1
 Step  5 =  10  9  8  4  3  2  5  1
 Step  6 =  10  9  8  5  4  3  2  1
 Step  7 =  10  9  8  5  4  3  2  1
Insert 내림차순 정렬 후 =  10  9  8  5  4  3  2  1
```

연습문제 4 퀵 정렬

다음 배열 arr을 퀵 정렬을 사용하여 오름차순으로 정렬하는 과정과 결과를 출력하세요.

```
int arr[] = {10, 2, 8, 9, 4, 3, 5, 1}
```

실행 결과

```
정렬 전 = 10  2  8  9  4  3  5  1

  Step  1 =   1  2  8  9  4  3  5 10
  Step  2 =   1  2  8  9  4  3  5 10
  Step  3 =   1  2  8  9  4  3  5 10
  Step  4 =   1  2  3  5  4  8  9 10
  Step  5 =   1  2  3  5  4  8  9 10
  Step  6 =   1  2  3  4  5  8  9 10
Quick 정렬 후 =   1  2  3  4  5  8  9 10
```

연습문제 5

사전 순서대로 정렬

다음 word 배열을 strcmp() 와 strcpy()를 사용하여 사전 순서대로 정렬하는 코드를 완성하세요.

```c
#include <stdio.h>
#include <string.h>
int main(void)
{
    char word[][10] = { "cat", "dog", "ox", "cow", "bird", "elephant",
                        "butterfly" };
    char tmp[10] = "\0";
    int min = 0;
    printf("정렬 전 :");
    for (int i = 0; i < 7; i++)
        printf(" %s ", word[i]);
    puts("");
    for (int i = 0; i < 6; i++)
    {
        ⬚


    }
    printf("정렬 후 :");
    for (int i = 0; i < 7; i++)
        printf(" %s ", word[i]);
    puts("");
    return 0;
}
```

> **실행 결과**
>
> 정렬 전 : cat dog ox cow bird elephant butterfly
> 정렬 후 : bird butterfly cat cow dog elephant ox

14. Searching

1 정렬되지 않은 자료의 순차 탐색
기초문제

다음 정렬되지 않은 (10, 12, 15, 2, 6, 20, 8, 9, 4, 3, 5, 1) 자료를 사용자가 입력한 key 값으로 순차 탐색하세요.

실행 예시

```
탐색할 숫자를 입력하세요: 10
숫자가 위치 0에서 발견되었습니다.
탐색 수행 횟수 =    1
```

2 기초문제 정렬된 자료의 순차 탐색

오름차순으로 정렬된 (1, 2, 3, 4, 5, 6, 8, 9, 10, 12, 15, 20) 자료를 사용자가 입력한 key 값으로 순차 탐색하세요.

실행 예시

```
탐색할 숫자를 입력하세요: 10
숫자가 위치 8에서 발견되었습니다.
탐색 수행 횟수 =    9
```

3 정렬된 자료의 이진 탐색

기초문제

오름차순으로 정렬된 (1, 2, 3, 4, 5, 6, 8, 9, 10, 12, 15, 20) 자료를 사용자가 입력한 key 값으로 이진 탐색하세요.

- 반복, 재귀 두 가지 함수를 구현하여 입력한 key 값에 대해 반복, 재귀 함수로 검색해서 출력

실행 예시

```
탐색할 숫자를 입력하세요: 10
숫자가 위치 8에서 발견되었습니다.
탐색 수행 횟수 =    2
```

1 보간 탐색

연습문제

난수 생성한 자료를 오름차순으로 정렬한 후, 사용자가 입력한 key 값으로 보간 탐색하고 결과를 출력하세요.

- 최대 데이터의 크기: 100
- 난수를 최대 데이터 크기만큼 생성해서 list 만들기(난수의 범위: 1~999)
- 탐색하고자 하는 key를 입력받고, key를 찾은 경우, 위치와 탐색 횟수 출력 또는 key를 못 찾은 경우, 탐색 실패 출력
- 동일한 데이터가 있는 경우, 처음 만나는 원소를 찾는 것으로 가정

실행 예시

< 정렬 전 리스트 >
764 531 553 517 139 719 699 632 289 733 25 660 864 390 791 484 228 999 887 785
685 558 144 997 754 485 836 706 847 817 791 22 460 195 926 462 824 566 53 450
307 920 751 178 131 198 764 134 483 480 118 637 613 993 200 299 150 62 626 736
663 709 507 60 102 464 550 662 716 269 28 239 514 434 812 752 53 754 533 279 203
711 661 58 508 495 548 459 568 763 854 613 865 862 380 610 457 36 531 203

< 정렬 후 리스트 >
22 25 28 36 53 53 58 60 62 102 118 131 134 139 144 150 178 195 198 200 203 203
228 239 269 279 289 299 307 380 390 434 450 457 459 460 462 464 480 483 484 485
495 507 508 514 517 531 531 533 548 550 553 558 566 568 610 613 613 626 632 637
660 661 662 663 685 699 706 709 711 716 719 733 736 751 752 754 754 763 764 764
785 791 791 812 817 824 836 847 854 862 864 865 887 920 926 993 997 999

탐색할 숫자를 입력하세요: 514
숫자가 위치 45에서 발견되었습니다.
탐색 수행 횟수 = 3

실행 예시

< 정렬 전 리스트 >
620 140 962 298 54 774 817 358 669 312 539 720 803 241 383 263 883 697 856 289
713 532 846 254 795 424 744 667 128 598 820 297 295 450 242 193 684 405 980 473
33 554 426 581 169 767 139 941 322 428 145 748 471 898 831 605 938 462 37 730
837 642 385 280 832 841 266 686 217 419 506 754 924 332 146 28 726 665 150 761
210 975 73 422 992 373 707 838 164 874 946 122 612 133 473 698 841 691 306 764

< 정렬 후 리스트 >
28 33 37 54 73 122 128 133 139 140 145 146 150 164 169 193 210 217 241 242 254
263 266 280 289 295 297 298 306 312 322 332 358 373 383 385 405 419 422 424 426
428 450 462 471 473 473 506 532 539 554 581 598 605 612 620 642 665 667 669 684
686 691 697 698 707 713 720 726 730 744 748 754 761 764 767 774 795 803 817 820
831 832 837 838 841 841 846 856 874 883 898 924 938 941 946 962 975 980 992

탐색할 숫자를 입력하세요: 200
탐색 실패, 숫자가 발견되지 않았습니다.

2 연습문제 이진 탐색 트리

이진 트리를 활용한 탐색에서 사용자 입력에 맞게 이진 탐색 트리를 만들어 탐색하고 결과를 출력하세요.

- 입력: 5, 7, 10, 4, 1, 3, 20, 25
- 위의 데이터를 차례로 입력할 때, 구성되는 이진 탐색 트리를 preorder로 순회한 결과를 출력해보고, 완성된 이진 탐색 트리의 모습도 그려보세요.

이진 탐색 트리 그리기

- 탐색하고자 하는 key를 입력받고 찾은 경우, 탐색 횟수 출력 또는 key를 못 찾은 경우, 탐색 실패 메시지와 탐색 횟수 출력

실행 예시

> 이진 탐색 트리 preorder 순회 결과:
[5] [4] [1] [3] [7] [10] [20] [25]

> 탐색 키: 25
이진 탐색 트리에서 25 발견 (탐색 횟수 5)

> 이진 탐색 트리 preorder 순회 결과:
[5] [4] [1] [3] [7] [10] [20] [25]

> 탐색 키: 30
이진 탐색 트리에서 30 발견 못함 (탐색 횟수 6)

AVL 트리(균형 이진 탐색 트리)

AVL 트리를 활용한 탐색에서 다음의 사용자 입력에 맞게 AVL 트리를 만들고 탐색 결과를 출력하세요.

- 입력: 5, 7, 10, 4, 1, 3, 20, 25
- 위의 데이터를 차례로 입력할 때, 구성되는 AVL 트리를 preorder로 순회한 결과를 출력해보고, 완성된 AVL 트리의 모습도 그려보세요.

AVL 트리 그리기

- 탐색하고자 하는 key를 입력받고 찾은 경우, 탐색 횟수 출력 또는 key를 못 찾은 경우, 탐색 실패 메시지와 탐색 횟수 출력

실행 예시

> AVL 트리 preorder 순회 결과:
[4] [1] [3] [7] [5] [20] [10] [25]

> 탐색 키: 25
AVL 트리에서 25 발견 (탐색 횟수 4)

> AVL 트리 preorder 순회 결과
[4] [1] [3] [7] [5] [20] [10] [25]

> 탐색 키: 30
AVL 트리에서 30 발견 못함 (탐색 횟수 5)

1 색인순차탐색
심화문제

난수 생성한 자료를 오름차순으로 정렬한 후, 사용자가 입력한 key 값으로 색인순차탐색하고 결과를 출력하세요.

- 최대 데이터 크기: 100
- 난수를 최대 데이터 크기만큼 생성해서 list 만들기(난수의 범위: 0~999)
- 사용자로부터 index 크기를 입력받아 index table 생성하고 출력(최대 index 크기 10)
- 탐색하고자 하는 key를 입력받고 key를 찾은 경우, 전체 list에서의 위치 출력 또는 key를 못 찾은 경우, 탐색 실패 출력
- 동일한 데이터가 있는 경우, 처음 만나는 원소를 찾는 것으로 가정

실행 예시

< 정렬 전 리스트 >

```
276 191 324 221 691 356 162 902  60 432
820  86 176  23 111 792 856 198 689 922
720 602  61 875 820 634 368 519 753  50
745 977 853 890 358  16 665 591 741 261
629 512 247 172 245  59 332 857 187 289
 43 733 342 895 945 577 753 839 148 274
630 606 968 430 989  39 586 150 791 256
611 228 704 484 935 294 541 121 222 364
834 426 283 671 535 831 499 610  36 964
280 886 290 687 535 784 236 478 287 974
```

< 정렬 후 리스트 >

```
 16  23  36  39  43  50  59  60  61  86
111 121 148 150 162 172 176 187 191 198
221 222 228 236 245 247 256 261 274 276
280 283 287 289 290 294 324 332 342 356
358 364 368 426 430 432 478 484 499 512
519 535 535 541 577 586 591 602 606 610
611 629 630 634 665 671 687 689 691 704
720 733 741 745 753 753 784 791 792 820
820 831 834 839 853 856 857 875 886 890
895 902 922 935 945 964 968 974 977 989
```

< INDEX TABLE >
> 인덱스 테이블 크기 입력 [MAX 10]: 10
[0]   16
[1] 111
[2] 221
[3] 280
[4] 358
[5] 519
[6] 611
[7] 720
[8] 820
[9] 895

> 검색 키 입력: 172
172 탐색 성공
index[1] position[15]

< 정렬 전 리스트 >

```
897   5 645 731 148 539 703 776 534 947
718 455 258  97 550 461 467 815  78 161
210 860  62 161 105 650 760 939 872 821
101 494 309 320 969 522  41 348 786 693
129 459 388 784 194 890 889 297 161 990
639 795 545 672 226 107 870 795 620  43
610 517 474 908  70 429 785 991 692 668
```

```
752  14 114 911 280 881 242 100 402 251
423 698 111 246 466 606 150 155 102 372
401 447 113 698 225 619  36  27 356 147
```

< 정렬 후 리스트 >

```
  5  14  27  36  41  43  62  70  78  97
100 101 102 105 107 111 113 114 129 147
148 150 155 161 161 161 194 210 225 226
242 246 251 258 280 297 309 320 348 356
372 388 401 402 423 429 447 455 459 461
466 467 474 494 517 522 534 539 545 550
606 610 619 620 639 645 650 668 672 692
693 698 698 703 718 731 752 760 776 784
785 786 795 795 815 821 860 870 872 881
889 890 897 908 911 939 947 969 990 991
```

< INDEX TABLE >
> 인덱스 테이블 크기 입력 [MAX 10]: 5
[0]   5
[1] 148
[2] 372
[3] 606
[4] 785

> 검색 키 입력: 152
152 탐색 실패

2 심화문제 이진 탐색 트리를 이용한 연락처 관리 프로그램

이진 탐색 트리를 이용한 연락처 관리 프로그램을 구현해보자. 연습 문제2의 이진 탐색 트리 코드를 기반으로 하며, 정수 데이터를 처리하는 이진 탐색 트리 코드를 { "이름", "전화번호" }의 문자열 쌍을 다루는 이진 탐색 트리 코드로 다음의 요구사항에 따라 수정하세요.

- 입력 연락처 데이터: { "홍길동", "010-1111-1111" }, { "이순신", "010-2222-2222" }, { "윤봉길", "010-3333-3333" }, { "정약용", "010-4444-4444" }, { "신사임당" "010-5555-5555" }, { "김구", "010-6666-6666" }, { "권율", "010-7777-7777" }, { "이황", "010-8888-8888" }
- 입력 문자열의 최대 길이 : 100

```
/* 이진 탐색 트리를 이용한 연락처 관리 프로그램 */
#define MAX_WORD_LENGTH 100         // 문자열 최대 길이
int search_count = 0;               // 탐색 횟수
typedef struct {                    // 이진 탐색 트리 노드
    char name[MAX_WORD_LENGTH];     // *** key
    char phone[MAX_WORD_LENGTH];
} element;
:
TreeNode * BST_add(TreeNode * node, element key)
{
    // 새로운 연락처를 이진 탐색 트리의 적합한 위치에 삽입하기 위한 비교 코드를
    // 문자열 비교 함수로 변경
}
```

```c
TreeNode * BST_search(TreeNode * node, element key)
{
    // 연락처를 찾기 위한 비교 코드를 문자열 비교 함수로 변경
}

void preorder(TreeNode *root)
{
    // [이름 / 전화번호]의 문자열 출력으로 출력문 변경

}

int main(void)
{
    TreeNode* root = NULL;
    element e;
    int menu;
    char dummy;

    while (1) {
        printf("1. 연락처 입력\n");
        printf("2. 연락처 검색\n");
        printf("3. 종료\n");
        printf("> ");
        scanf("%d%c", &menu, &dummy);
        switch (menu) {
        case 1: {
            printf(">> 이름: ");
            gets(e.name);
            printf(">> 전화번호: ");
            gets(e.phone);
            root = BST_add(root, e);
            printf("> 이진 탐색 트리 preorder 순회 결과 \n");
            preorder(root);
            printf("\n\n");
        break;
```

```
            }
            case 2: {
                printf(">> 검색 이름: ");
                gets(e.name);
                    search_count = 0; // 탐색 횟수 초기화
                BST_search(root, e);
                break;
            }
            case 3:
                printf("프로그램 종료\n");
                return 0;

            }
        }

    return 0;
}
```

> 실행 예시

1. 연락처 입력
2. 연락처 검색
3. 종료
> 1
>> 이름: 홍길동
>> 전화번호: 010-1111-1111
> 이진 탐색 트리 preorder 순회 결과:
[홍길동 / 010-1111-1111]

1. 연락처 입력
2. 연락처 검색
3. 종료
> 1
>> 이름: 이순신
>> 전화번호: 010-2222-2222
> 이진 탐색 트리 preorder 순회 결과:
[홍길동 / 010-1111-1111] [이순신 / 010-2222-2222]

1. 연락처 입력
2. 연락처 검색
3. 종료
> 1
>> 이름: 윤봉길
>> 전화번호: 010-3333-3333
> 이진 탐색 트리 preorder 순회 결과:
[홍길동 / 010-1111-1111] [이순신 / 010-2222-2222] [윤봉길 / 010-3333-3333]

1. 연락처 입력
2. 연락처 검색
3. 종료
> 1
>> 이름: 정약용
>> 전화번호: 010-4444-4444
> 이진 탐색 트리 preorder 순회 결과:
[홍길동 / 010-1111-1111] [이순신 / 010-2222-2222] [윤봉길 / 010-3333-3333] [정약용 / 010-4444-4444]

1. 연락처 입력
2. 연락처 검색
3. 종료
> 1
>> 이름: 신사임당
>> 전화번호: 010-5555-5555
> 이진 탐색 트리 preorder 순회 결과:
[홍길동 / 010-1111-1111] [이순신 / 010-2222-2222] [윤봉길 / 010-3333-3333] [신사임당 / 010-5555-5555] [정약용 / 010-4444-4444]

1. 연락처 입력
2. 연락처 검색
3. 종료
> 1
>> 이름: 김구
>> 전화번호: 010-6666-6666
> 이진 탐색 트리 preorder 순회 결과:
[홍길동 / 010-1111-1111] [이순신 / 010-2222-2222]] [윤봉길 / 010-3333-3333] [신사임당 / 010-5555-5555] [김구 / 010-6666-6666] [정약용 / 010-4444-4444]

1. 연락처 입력

2. 연락처 검색
3. 종료
> 1
>> 이름: 권율
>> 전화번호: 010-7777-7777
> 이진 탐색 트리 preorder 순회 결과:
[홍길동 / 010-1111-1111] [이순신 / 010-2222-2222]] [윤봉길 / 010-3333-3333] [신사임당 / 010-5555-5555] [김구 / 010-6666-6666] [권율 / 010-7777-7777] [정약용 / 010-4444-4444]

1. 연락처 입력
2. 연락처 검색
3. 종료
> 1
>> 이름: 이황
>> 전화번호: 010-8888-8888
> 이진 탐색 트리 preorder 순회 결과:
[홍길동 / 010-1111-1111] [이순신 / 010-2222-2222]] [윤봉길 / 010-3333-3333] [신사임당 / 010-5555-5555] [김구 / 010-6666-6666] [권율 / 010-7777-7777] [정약용 / 010-4444-4444] [이황 / 010-8888-8888]

1. 연락처 입력
2. 연락처 검색
3. 종료
> 2
>> 검색 이름: 이황
연락처에서 [이황 / 010-8888-8888] 발견 (탐색 횟수 4)

1. 연락처 입력
2. 연락처 검색
3. 종료
> 2
>> 검색 이름: 이순신
연락처에서 [이순신 / 010-1111-1111] 발견 (탐색 횟수 2)

1. 연락처 입력
2. 연락처 검색
3. 종료
> 2
>> 검색 이름: 이율곡

연락처에서 [이율곡] 발견 못함 (탐색 횟수 5)

1. 연락처 입력
2. 연락처 검색
3. 종료
> 2
>> 검색 이름: 정약용
연락처에서 [정약용 / 010-4444-4444] 발견 (탐색 횟수 3)

2. 연락처 검색
3. 종료
> 2
>> 검색 이름: 권율
연락처에서 [권율/ 010-7777-7777] 발견 (탐색 횟수 6)
> 3
프로그램 종료

3 AVL 트리를 이용한 연락처 관리 프로그램

심화문제

AVL 트리를 이용한 연락처 관리 프로그램을 구현해보자. 연습 문제3의 AVL 트리 코드를 기반으로 하며, 정수 데이터를 처리하는 AVL 트리 코드를 {"이름", "전화번호"}의 문자열 쌍을 다루는 AVL 트리 코드로 다음의 요구사항에 따라 수정하세요.

- 입력 연락처 데이터: {"홍길동", "010-1111-1111"}, {"이순신", "010-2222-2222"}, {"윤봉길", "010-3333-3333"}, {"정약용", "010-4444-4444"}, {"신사임당" "010-5555-5555"}, {"김구", "010-6666-6666"}, {"권율", "010-7777-7777"}, {"이황", "010-8888-8888"}
- 입력 문자열의 최대 길이 : 100

```
/* AVL 트리를 이용한 연락처 관리 프로그램 */
#define MAX_WORD_LENGTH 100      // 문자열 최대 길이
int search_count = 0;            // 탐색 횟수
typedef struct {                 // AVL 트리 노드
    char name[MAX_WORD_LENGTH];  // *** key
    char phone[MAX_WORD_LENGTH];
} element;
:
AVLNode* AVL_add(AVLNode* node, element key)
{
    // 새로운 연락처를 AVL 트리의 적합한 위치에 삽입하기 위한 비교 코드를
    // 문자열 비교 함수로 변경
}
```

```
AVLNode * AVL_search(AVLNode * node, element key)
{
    // 연락처를 찾기위한 비교 코드를 문자열 비교 함수로 변경
}

void preorder(AVLNode *root)
{
    // [이름 / 전화번호]의 문자열 출력으로 출력문 변경
}

int main(void)
{
    AVLNode* root = NULL;
    element e;
    int menu;
    char dummy;

    while (1) {
        printf("1. 연락처 입력\n");
        printf("2. 연락처 검색\n");
        printf("3. 종료\n");
        printf("> ");
        scanf("%d%c", &menu, &dummy);
        switch (menu) {
        case 1: {
            printf(">> 이름: ");
            gets(e.name);
            printf(">> 전화번호: ");
            gets(e.phone);
            root = AVL_add(root, e);
            printf("> AVL 트리 preorder 순회 결과 \n");
            preorder(root);
            printf("\n\n");
            break;
        }
```

```
            case 2: {
                printf(">> 검색 이름: ");
                gets(e.name);
                search_count = 0; // 탐색 횟수 초기화
                AVL_search(root, e);
                break;
            }
            case 3:
                printf("프로그램 종료\n");
                return 0;
            }
        }

    return 0;
}
```

> 실행 예시

1. 연락처 입력
2. 연락처 검색
3. 종료
> 1
>> 이름: 홍길동
>> 전화번호: 010-1111-1111
> AVL 트리 preorder 순회 결과:
[홍길동 / 010-1111-1111]

1. 연락처 입력
2. 연락처 검색
3. 종료
> 1
>> 이름: 이순신
>> 전화번호: 010-2222-2222
> AVL 트리 preorder 순회 결과:
[홍길동 / 010-1111-1111] [이순신 / 010-2222-2222]

1. 연락처 입력
2. 연락처 검색
3. 종료
> 1
>> 이름: 윤봉길
>> 전화번호: 010-3333-3333
> AVL 트리 preorder 순회 결과:
[이순신 / 010-2222-2222] [윤봉길 / 010-3333-3333] [홍길동 / 010-1111-1111]

1. 연락처 입력
2. 연락처 검색
3. 종료
> 1
>> 이름: 정약용
>> 전화번호: 010-4444-4444
> AVL 트리 preorder 순회 결과:
[이순신 / 010-2222-2222] [윤봉길 / 010-3333-3333] [홍길동 / 010-1111-1111] [정약용 / 010-4444-4444]

1. 연락처 입력
2. 연락처 검색
3. 종료
> 1
>> 이름: 신사임당
>> 전화번호: 010-5555-5555
> AVL 트리 preorder 순회 결과:
[이순신 / 010-2222-2222] [윤봉길 / 010-3333-3333] [신사임당 / 010-5555-5555] [홍길동 / 010-1111-1111] [정약용 / 010-4444-4444]

1. 연락처 입력
2. 연락처 검색
3. 종료
> 1
>> 이름: 김구
>> 전화번호: 010-6666-6666
> AVL 트리 preorder 순회 결과:
[이순신 / 010-2222-2222]] [신사임당 / 010-5555-5555] [김구 / 010-6666-6666] [윤봉길 / 010-3333-3333] [홍길동 / 010-1111-1111] [정약용 / 010-4444-4444]

1. 연락처 입력

2. 연락처 검색
3. 종료
> 1
>> 이름: 권율
>> 전화번호: 010-7777-7777
> AVL 트리 preorder 순회 결과:
[이순신 / 010-2222-2222]] [신사임당 / 010-5555-5555] [김구 / 010-6666-6666] [권율 / 010-7777-7777] [윤봉길 / 010-3333-3333] [홍길동 / 010-1111-1111] [정약용 / 010-4444-4444]

1. 연락처 입력
2. 연락처 검색
3. 종료
> 1
>> 이름: 이황
>> 전화번호: 010-8888-8888
> AVL 트리 preorder 순회 결과:
[이순신 / 010-2222-2222]] [신사임당 / 010-5555-5555] [김구 / 010-6666-6666] [권율 / 010-7777-7777] [윤봉길 / 010-3333-3333] [정약용 / 010-4444-4444] [이황 / 010-8888-8888] [홍길동 / 010-1111-1111]

1. 연락처 입력
2. 연락처 검색
3. 종료
> 2
>> 검색 이름: 이황
연락처에서 [이황 / 010-8888-8888] 발견 (탐색 횟수 3)

1. 연락처 입력
2. 연락처 검색
3. 종료
> 2
>> 검색 이름: 이순신
연락처에서 [이순신 / 010-1111-1111] 발견 (탐색 횟수 1)

1. 연락처 입력
2. 연락처 검색
3. 종료
> 2

```
>> 검색 이름: 이율곡
연락처에서 [이율곡] 발견 못함 (탐색 횟수 4)
1. 연락처 입력
2. 연락처 검색
3. 종료
> 2
>> 검색 이름: 정약용
연락처에서 [정약용 / 010-4444-4444] 발견 (탐색 횟수 2)

2. 연락처 검색
3. 종료
> 2
>> 검색 이름: 권율
연락처에서 [권율/ 010-7777-7777] 발견 (탐색 횟수 4)
> 3
프로그램 종료
```

15. Hashing

1 Hash Table을 이용한 자료 검색

연습문제

Hash Table에 h(k) 해시 함수를 이용하여 8, 1, 9, 6, 13, 7, 5, 2의 값을 삽입할 때의 충돌 처리 및 key를 검색하세요.

- 배열에 저장된 값이 key이고, 해시 함수를 이용하여 계산한 결과값이 hash_value인 Hash Table을 생성
- key 값으로 해시 함수를 이용하여 탐색 위치를 조회
- 해시 함수는 h(k)=k % (Hash Table의 크기)
- 선형 조사법, 이차 조사법, 체이닝을 이용하여 충돌 처리

실행 결과

```
<선형 조사법>
hash_address=1
인덱스 1에 insert item 8


==============================
[0]     -1
[1]     8
[2]     -1
[3]     -1
[4]     -1
[5]     -1
[6]     -1
==============================

hash_address=1
인덱스 1에서 충돌 발생, 충돌 횟수= 1
인덱스 2에 insert item 1
```

===========================
[0]   -1
[1]   8
[2]   1
[3]   -1
[4]   -1
[5]   -1
[6]   -1
===========================

hash_address=2
인덱스 2에서 충돌 발생, 충돌 횟수= 2
인덱스 3에 insert item 9

===========================
[0]   -1
[1]   8
[2]   1
[3]   9
[4]   -1
[5]   -1
[6]   -1
===========================

hash_address=6
인덱스 6에 insert item 6

===========================
[0]   -1
[1]   8
[2]   1
[3]   9
[4]   -1
[5]   -1
[6]   6
===========================

hash_address=6
인덱스 6에서 충돌 발생, 충돌 횟수= 3

인덱스 0에 insert item 13

```
==============================
[0]     13
[1]     8
[2]     1
[3]     9
[4]     -1
[5]     -1
[6]     6
==============================
```

hash_address=0
인덱스 0에서 충돌 발생, 충돌 횟수= 4
인덱스 1에서 충돌 발생, 충돌 횟수= 5
인덱스 2에서 충돌 발생, 충돌 횟수= 6
인덱스 3에서 충돌 발생, 충돌 횟수= 7
인덱스 4에 insert item 7

```
==============================
[0]     13
[1]     8
[2]     1
[3]     9
[4]     7
[5]     -1
[6]     6
==============================
```

hash_address=5
인덱스 5에 insert item 5

```
==============================
[0]     13
[1]     8
[2]     1
[3]     9
[4]     7
[5]     5
[6]     6
```

==============================
hash_address=2
인덱스 2에서 충돌 발생, 충돌 횟수= 8
인덱스 3에서 충돌 발생, 충돌 횟수= 9
인덱스 4에서 충돌 발생, 충돌 횟수= 10
인덱스 5에서 충돌 발생, 충돌 횟수= 11
인덱스 6에서 충돌 발생, 충돌 횟수= 12
인덱스 0에서 충돌 발생, 충돌 횟수= 13
인덱스 1에서 충돌 발생, 충돌 횟수= 14
테이블이 가득찼습니다

실행 결과

<이차 조사법>
hash_address=1
인덱스 1에 insert item 8

==============================
[0]   -1
[1]   8
[2]   -1
[3]   -1
[4]   -1
[5]   -1
[6]   -1
==============================

hash_address=1
인덱스 1에서 충돌 발생, 충돌 횟수= 1
인덱스 2에 insert item 1

==============================
[0]   -1
[1]   8
[2]   1
[3]   -1
[4]   -1
[5]   -1

```
[6]    -1
==============================

hash_address=2
인덱스 2에서 충돌 발생, 충돌 횟수= 2
인덱스 3에 insert item 9


==============================
[0]    -1
[1]    8
[2]    1
[3]    9
[4]    -1
[5]    -1
[6]    -1
==============================

hash_address=6
인덱스 6에 insert item 6

==============================
[0]    -1
[1]    8
[2]    1
[3]    9
[4]    -1
[5]    -1
[6]    6
==============================

hash_address=6
인덱스 6에서 충돌 발생, 충돌 횟수= 3
인덱스 0에 insert item 13

==============================
[0]    13
[1]    8
[2]    1
[3]    9
[4]    -1
```

```
[5]     -1
[6]     6
```
==============================

hash_address=0
인덱스 0에서 충돌 발생, 충돌 횟수= 4
인덱스 1에서 충돌 발생, 충돌 횟수= 5
인덱스 4에 insert item 7

```
==============================
[0]     13
[1]     8
[2]     1
[3]     9
[4]     7
[5]     -1
[6]     6
==============================
```

hash_address=5
인덱스 5에 insert item 5

```
==============================
[0]     13
[1]     8
[2]     1
[3]     9
[4]     7
[5]     5
[6]     6
==============================
```

hash_address=2
인덱스 2에서 충돌 발생, 충돌 횟수= 6
인덱스 3에서 충돌 발생, 충돌 횟수= 7
인덱스 6에서 충돌 발생, 충돌 횟수= 8
인덱스 4에서 충돌 발생, 충돌 횟수= 9
인덱스 4에서 충돌 발생, 충돌 횟수= 10
인덱스 6에서 충돌 발생, 충돌 횟수= 11

인덱스 3에서 충돌 발생, 충돌 횟수= 12
테이블이 가득찼습니다

실행 결과

```
<체이닝>
=============================
[0]->
[1]->8->
[2]->
[3]->
[4]->
[5]->
[6]->
=============================
```

인덱스 1에서 충돌 발생, 충돌 횟수= 1

```
=============================
[0]->
[1]->8->1->
[2]->
[3]->
[4]->
[5]->
[6]->
=============================
```

```
=============================
[0]->
[1]->8->1->
[2]->9->
[3]->
[4]->
[5]->
[6]->
=============================
```

```
============================
[0]->
[1]->8->1->
[2]->9->
[3]->
[4]->
[5]->
[6]->6->

============================

인덱스 6에서 충돌 발생, 충돌 횟수= 2

============================
[0]->
[1]->8->1->
[2]->9->
[3]->
[4]->
[5]->
[6]->6->13->
============================


============================
[0]->7->
[1]->8->1->
[2]->9->
[3]->
[4]->
[5]->
[6]->6->13->
============================


============================
[0]->7->
[1]->8->1->
[2]->9->
[3]->
```

```
[4]->
[5]->5->
[6]->6->13->
==============================

인덱스 2에서 충돌 발생, 충돌 횟수= 3

==============================
[0]->7->
[1]->8->1->
[2]->9->2->
[3]->
[4]->
[5]->5->
[6]->6->13->
==============================

탐색 8 성공 탐색 횟수: 1 번
탐색 1 성공 탐색 횟수: 2 번
탐색 9 성공 탐색 횟수: 1 번
탐색 6 성공 탐색 횟수: 1 번
탐색 13 성공 탐색 횟수: 2 번
탐색 7 성공 탐색 횟수: 1 번
탐색 5 성공 탐색 횟수: 1 번
탐색 2 성공 탐색 횟수: 2 번
```

1 Hash Table을 이용한 영한 단어 사전

심화문제

Hash Table을 활용한 영한 단어 사전을 구현해보자. 연습 문제1의 chain 코드를 기반으로 하며, 정수 데이터를 처리하는 Hash Table 코드를 { "영단어", "한글뜻" }의 문자열 쌍을 다루는 Hash Table 코드로 다음의 요구사항에 따라 수정하세요.

- Hash Table 크기 : 26 (영어 알파벳 개수)
- 입력 문자열 쌍: { "apple", "사과" }, { "mouse", "생쥐, 마우스" }, { "car", "자동차" }, { "lion", "사자" }, { "banana", "바나나" }, { "art", "예술, 미술" }, { "love", "사랑, 연애" }, { "man", "남자, 사람" }
- 입력 문자열의 최대 길이 : 100
- Hash Function: h(string)은 string(영단어)의 첫번째 문자와 알파벳 'a'(대소문자 구분 없이) 차이 (예: h("apple") = 0, h("zebra") = 25)

```
/* 해싱 테이블을 이용한 영단어 사전 프로그램 */
#define TABLE_SIZE 26           // 해싱 테이블 크기
#define MAX_WORD_LENGTH 100     // 문자열 최대 길이
typedef struct {
    char eng[MAX_WORD_LENGTH];  // key
    char kor[MAX_WORD_LENGTH];
} element;
:
int hash_function(char key[])
{
    // key[] 의 첫번째 문자와 알파벳 'a'(대소문자 구분없이) 차이
    // (예: hash_function("apple") = 0, hash_function("zebra") = 25)
}
```

```
void hash_chain_add(element item, struct list *ht[])
{
    // 동일 영단어가 저장되었는 지 확인을 위한 비교 코드를 문자열 비교 함수로 변경
}

void hash_chain_search(element item, struct list *ht[])
{
    // 영단어를 찾기위한 비교 코드를 문자열 비교 함수로 변경
}

void hash_chain_print(struct list *ht[])
{
    // 영단어(한글뜻)의 문자열 출력으로 출력문 변경
}

int main(void)
{
    element e;
    int menu;
    char dummy;
    while (1) {
        printf("1. 사전 입력\n");
        printf("2. 영단어 검색\n");
        printf("3. 종료\n");
        printf("> ");
        scanf("%d%c", &menu, &dummy);
        switch (menu) {
            case 1: {
                printf(">> 영단어: ");
                gets(e.eng);
                printf(">> 한글뜻: ");
                gets(e.kor);
                hash_chain_add(e, hash_table);
                hash_chain_print(hash_table);
                break;
```

```
            }
            case 2: {
                printf(">> 검색 영단어: ");
                gets(e.eng);
                hash_chain_search(e, hash_table);
                break;
            }
            case 3:
                printf("프로그램 종료\n");
                return 0;
        }
    }

    return 0;
}
```

> 실행 결과

```
1. 사전 입력
2. 영단어 검색
3. 종료
> 1
영단어: apple
한글뜻: 사과
=============================
[0]->apple(사과)->
:
:
[25]->
=============================
1. 사전 입력
2. 영단어 검색
3. 종료
> 1
>> 영단어: mouse
>> 한글뜻: 생쥐, 마우스
=============================
```

```
[0]->apple(사과)->
:
[12]->mouse(생쥐, 마우스)->
:
[25]->
=============================

1. 사전 입력
2. 영단어 검색
3. 종료
> 1
>> 영단어: car
>> 한글뜻: 자동차
=============================
[0]->apple(사과)->
[1]->
[2]->car(자동차)->
:
[12]->mouse(생쥐, 마우스)->
:
[25]->
=============================

1. 사전 입력
2. 영단어 검색
3. 종료
> 1
>> 영단어: lion
>> 한글뜻: 사자
=============================
[0]->apple(사과)->
[1]->
[2]->car(자동차)->
:
[11]->lion(사자)->
[12]->mouse(생쥐, 마우스)->
:
[25]->
=============================
```

1. 사전 입력
2. 영단어 검색
3. 종료
> 1
>> 영단어: banana
>> 한글뜻: 바나나
==============================
[0]->apple(사과)->
[1]->banana(바나나)->
[2]->car(자동차)->
:
[11]->lion(사자)->
[12]->mouse(생쥐, 마우스)->
:
[25]->
==============================

1. 사전 입력
2. 영단어 검색
3. 종료
> 1
>> 영단어: art
>> 한글뜻: 예술, 미술
인덱스 0에서 충돌 발생, 충돌 횟수= 1

==============================
[0]->apple(사과)->art(예술, 미술)->
[1]->banana(바나나)->
[2]->car(자동차)->
:
[11]->lion(사자)->
[12]->mouse(생쥐, 마우스)->
:
[25]->
==============================

1. 사전 입력
2. 영단어 검색
3. 종료
> 1

```
>> 영단어: love
>> 한글뜻: 사랑, 연애
인덱스 11에서 충돌 발생,  충돌 횟수= 2

==============================
[0]->apple(사과)->art(예술, 미술)->
[1]->banana(바나나)->
[2]->car(자동차)->
:
[11]->lion(사자)->love(사랑, 연애)->
[12]->mouse(생쥐, 마우스)->
:
[25]->
==============================

1. 사전 입력
2. 영단어 검색
3. 종료
> 1
>> 영단어: man
>> 한글뜻: 남자, 사람
인덱스 12에서 충돌 발생,  충돌 횟수= 3

==============================
[0]->apple(사과)->art(예술, 미술)->
[1]->banana(바나나)->
[2]->car(자동차)->
:
[11]->lion(사자)->love(사랑, 연애)->
[12]->mouse(생쥐, 마우스)->man(남자, 사람)->
:
[25]->
==============================
1. 사전 입력
2. 영단어 검색
3. 종료
> 2
>> 검색 영단어: apple
apple, 사과 (탐색 횟수: 1 번)
1. 사전 입력
```

2. 영단어 검색
3. 종료
> 2
>> 검색 영단어: art
art, 예술, 미술 (탐색 횟수: 2 번)
1. 사전 입력
2. 영단어 검색
3. 종료
> 2
>> 검색 영단어: banana
banana, 바나나 (탐색 횟수: 1 번)
1. 사전 입력
2. 영단어 검색
3. 종료
> 2
>> 검색 영단어: car
car, 자동차 (탐색 횟수: 1 번)
1. 사전 입력
2. 영단어 검색
3. 종료
> 2
>> 검색 영단어: lion
lion, 사자 (탐색 횟수: 1 번)
1. 사전 입력
2. 영단어 검색
3. 종료
> 2
>> 검색 영단어: love
love, 사랑, 연애 (탐색 횟수: 2 번)
1. 사전 입력
2. 영단어 검색
3. 종료
> 2
>> 검색 영단어: man
man, 남자, 사람 (탐색 횟수: 2 번)
1. 사전 입력
2. 영단어 검색
3. 종료
> 2

```
>> 검색 영단어: mouse
mouse, 생쥐, 마우스 (탐색 횟수: 1 번)
1. 사전 입력
2. 영단어 검색
3. 종료
> 2
>> 검색 영단어: fruit
키를 찾지 못했음
1. 사전 입력
2. 영단어 검색
3. 종료
> 3
프로그램 종료
```